# 每天懂点孩子心理学 2

孙玉梅◎著

北京理工大学出版社
BEIJING INSTITUTE OF TECHNOLOGY PRESS

图书在版编目（CIP）数据

每天懂点孩子心理学. 2 / 孙玉梅著. —北京：北京理工大学出版社，2012.4

ISBN 978-7-5640-5494-6

Ⅰ. ①每… Ⅱ. ①孙… Ⅲ. ①儿童教育：家庭教育 Ⅳ. ①G78

中国版本图书馆 CIP 数据核字 (2012) 第 001816 号

出版发行 / 北京理工大学出版社
社　　址 / 北京市海淀区中关村南大街 5 号
邮　　编 / 100081
电　　话 / (010)68914775(办公室) 68944990(批销中心) 68911084(读者服务部)
网　　址 / http://www.bitpress.com.cn
经　　销 / 全国各地新华书店
印　　刷 / 三河市金元印装有限公司
开　　本 / 700 毫米×1000 毫米　1/16
印　　张 / 16.5
字　　数 / 220 千字
版　　次 / 2012 年 4 月第 1 版　2012 年 4 月第 1 次印刷
定　　价 / 28.00 元

责任校对 / 陈玉梅
责任印制 / 边心超

# 前言

这个世界上最难的职业，可能就是“父母”这个职业了。而且这个职业没有任何岗位培训，没有操作指南，甚至没有经验可以借鉴——因为每个孩子都是独一无二的，但是同时，这个职业只允许成功，不允许失败。在零经验的条件下做到零失败，谈何容易？

但是不管这个工作怎么难，我相信任何一个父亲、母亲还是会竭尽自己所能避免陷入教育的误区，避免弯路和歧途。这正是“父母”这个职业的伟大之处。

没有经验，那就后天来补。

怎么补呢？

不要过多依靠“虎妈”或者“羊爸”的教子经验。因为每个孩子天生就具有自己独特的个性，注定他们要走与众不同的成长路线。“虎妈”靠“虎”成功了，但不等于你的孩子也会吃你的那套“虎”做法。

那么怎么补呢？

还是回归到经过几百年积淀过的，经过无数心理学家论证并不断完善的儿童心理学和成长心理学上来。尽管每个孩子都是独一无二的，但是他们的成长还是有一定的规律可循；他们身上错综复杂的一些表象后面，还是隐藏着一些同样的问题。了解这些规律，你就能预测到孩子即将的发展和进步，以及可能会因为成长而出现的问题；了解孩子各种“不乖”行为背后的深层心理原因，有助于你了解哪些行为是成长的正常现象，哪些需要你进行有针对性的引导和干预。

零经验的父母需要一把“知心”的钥匙去了解孩子的心理，就要懂点孩子心理学。要知道，不同年龄段的孩子，有不同的心理特点，有不同的个性特点，可以说，不懂孩子每一年龄段的心理特点与心理需求，就不能进入孩子内心。不懂心理学，就不能打造孩子良好个性。

父母如何才能懂点孩子心理学呢？最好的方法就是多读点书，多读点有关于孩子心理学方面的书。但在目前的图书市场上，关于孩子心理学的相关书籍，太艰涩了，对于没有心理学基础的普通读者来说，难以理解和领悟。基于此，我们策划了这套书。

与第一部相比，本书更侧重于对孩子尚未定型的不良品质的解析。是从日常生活中，孩子表现出的一些性格弱点入手，分析孩子不良的性格缺陷，并加以干预。如胆小、害羞、敏感、嫉妒心强、性格孤僻、不合群、自卑、懒散、娇气等性格形成的深层原因，并提出了解决问题的方法。

孩子带着自己独特的个性来到这个世界，在 3 岁时，性格已经形成了 80%，到 8 岁时，孩子的性格基本就定型了。本书旨在指导那些想要帮助孩子纠正性格缺陷的家长，在孩子的性格尚未定型之前，加以引导和改变，弥补缺陷，固化优势，使孩子能够更加健康成长。

做轻松的父母，培育个性卓越的孩子，是很多家长的梦想。如果你也有这样的梦想，就从《每天懂点孩子心理学》开始吧！马上开始，从“心”出发，不要犹豫！相信只要你坚持长时间的阅读，你就能读懂自己的孩子，从而能轻松自如地引导孩子，步入健康成长之旅。

# 目录

## Part 1　孩子变成了胆小鬼！



## Part 2　让害羞宝宝大方起来

## Part 3 家有敏感儿



## Part 4 引导家中的“忌妒王”



## Part 5 我的孩子不合群！

## Part 8 娇气宝宝如何教？

# Part 1
# 孩子变成了胆小鬼

每个人都有自己的个性特点与心理特征，孩子同样如此。有的孩子很大胆，什么都不怕；而有的孩子却很胆小，什么都害怕，一只虫子、一盆水都能吓得哇哇大哭。孩子胆小，有时是由于缺少安全感，有时是由于本能反应，有时是受刺激所致，因而，父母不能简单粗暴地对待胆小的孩子，而是要了解原因，之后对症下药。

**宝宝安全感测试**

你家的孩子有足够的安全感吗？请根据他（她）平时的一些表现，来做一个测试：

1.你的孩子敢到集体场所玩耍吗，比如说小区公园？

A.敢　　　　B.不敢

2.你的孩子会主动和小朋友打招呼吗？

A.会　　　　B.不会

3.你的孩子敢晚上独自睡吗？

A.敢　　　　B.不敢

4.在幼儿园中，你的孩子经常一个人躲在角落里吗？

A.不经常　　B.经常

5.你的孩子会拒绝上学或者不愿意见老师吗？

A.不会　　　B.会

6.家里来客人时，你的孩子还像平时那样活泼、爱笑吗？

A. 是　　　　B. 否

7.遇到小动物的时候，你的孩子经常吓得后退吗？

A.偶尔　　　B.经常

8.晚上的时候，你的孩子是不是怕黑？

A.不怕　　　B.怕

测试结果：

“超级胆小型”宝宝：测试答案中，当 A 项出现 1～2 次时，那么意味着你的孩子很有可能已经出现胆小、缺乏安全感的情况。家长便需要进行及时、适当、正确的引导和改造了。

“胆小型”宝宝：测试答案中，当 A 项出现 3～5 次时，你的宝宝已有些胆小倾向了。但父母不必太着急，要多观察宝宝一段时间。如果孩子还是如此胆小，妈妈就要采取行动了。

“超级安全型”宝宝：测试答案中，当 A 项出现 6～8 次时，妈妈就不必太在意了，因为你的宝宝既不胆小，也不缺少安全感，是非常正常的宝宝。

## 1. 一见虫子就害怕
## ——胆小的背后有什么

在家人的眼中，3 岁的果果一向是个“大胆”的孩子。家人为什么这样认为呢？因为每当春节放炮仗时，果果的哥哥都会吓得躲回房间里，果果却能站在一边看爸爸放炮仗。平时，果果还能一个人去楼下的商店帮妈妈买东西，看到狗也不害怕。所以，邻居们都夸他胆大、勇敢。

可很多人却不知道，果果也有“胆小”的一面——害怕小虫子之类的小动物。无论蚊子还是苍蝇，抑或树上的小软体昆虫，都能吓得他哇哇大哭。

记得有一次，果果妈妈带着他去公园玩。玩着玩着，果果突然惊声尖叫，继而哇哇大哭起来。果果妈妈以为出了什么事情，连忙跑过去看，结果只是在他脚上发现了一只小蚂蚱而已。

“妈妈，我怕。妈妈……我要回家……”果果一边哭，一边拉着妈妈往家走。

“果果，没事，妈妈在。这是一只小蚂蚱，它不会咬你的。我们再玩一会儿好不好？”妈妈尽量安抚果果的情绪。

“不，妈妈，我要回家，我要回家……”果果使劲拉着妈妈的手，眼神之中充满了恐惧。

无奈之下，妈妈只好带着果果回去。而公园里比他小的孩子却在追着蚂蚱玩，一点都没有害怕的感觉。

为什么胆大的果果如此害怕虫子呢？果果妈妈有些不解。

**案例深度解析**

再胆大的小孩子也有害怕的东西，这是对不熟悉的环境或事物的一种正常心理反应。胆大的果果害怕虫子，便是对虫子有一种紧张或恐惧心理。

几乎每个孩子都会有一些害怕的东西。有的孩子害怕汽车喇叭声，有的孩子害怕电闪雷鸣，有的孩子害怕小动物，有的孩子害怕陌生人，有的孩子害怕医生以及注射器等。一旦看到，孩子就会有恐惧反应，如惊慌、惊叫、退缩、痛苦、求救、逃避，甚至对抗。孩子的这些表现通常被父母认为是胆小、没出息。

真的如此吗？事实上，孩子害怕并非因为天生胆小，而是成长过程中非常正常的一种现象。心理学家研究发现，在幼儿时期，90%以上的孩子多多少少都会有害怕心理，40%的孩子至少有一种害怕的东西。由此可见，恐惧是成长必有的感受。

孩子为什么会有这种心理呢？从儿童成长特点来看，1~3岁的幼儿正在努力分清“我”和“我以外”的事物，正在学习“我”和周围环境怎么相处。由于孩子小，辨别能力差，就会对一些以前不熟悉的环境、不熟悉的物品感到紧张和恐惧，自然也就相应地出现了怕黑、怕水、怕高的情形。其实，这只是孩子对周围环境或事物的不适应、不熟悉。这些现象不会作为一种模式固定下来，而会随着年纪的增长不断消失。因而，这种胆小可以说是“本能性胆小”。

除了这个原因之外，还有什么原因会导致孩子产生紧张和恐惧心理呢？

（1）不良环境效应。

现在的孩子多是独生子女，父母不仅宠爱孩子，也会尽量保护孩子不受伤害，因此很少让孩子出门。此外，城市的孩子多住高楼，居住环境相对封闭，接触到的陌生环境和陌生人较少。孩子见到陌生的环境与人，自然就会紧张、恐惧。

（2）强化反应所致。

有些孩子的父母本身胆小，或怕某一事物，并当着孩子的面有所表现，如父母怕虫子，一见到虫子就大叫。孩子原本就怕虫子，而父母的行为则给孩子留下这样的印象：“妈妈都怕，看来这东西真的很可怕。”这无疑会强化孩子的害怕或紧张心理，导致孩子以后一见到虫子就大叫，或吓得躲起来。

（3）警觉意识过度。

孩子有害怕的东西，就意味着孩子已经具备避免伤害的警觉意识。具备这种警觉意识，孩子才会更少地受到伤害。为什么这么说呢？很简单的一点，刚出生的婴儿并不具备害怕的意识或者并不明显，所以根本不知道什么是害怕。

## 心理学家支招

恐惧、紧张是人类自我保护避免受到伤害的一种最常见的反应。孩子对危险物品、不熟悉的东西以及环境产生恐惧或紧张心理是十分正常的，如本文中的果果。孩子年纪小，对他来说，没见过的小东西都是危险的，所以就紧张、害怕。而对于熟悉的事情，他则表现得大胆。这说明孩子的内心已经开始建立“判断”的机制，开始思考哪些东西会伤害到自己，哪些不会。但如果孩子对于某个事物过于紧张或恐惧，父母就要多加重视了。

为什么要多加重视呢？这是因为过于紧张或恐惧不利于孩子心理健康。心理学家研究发现，幼年和童年时期的恐惧心理如果没有得到积极的引导，孩子长大以后就有可能形成严重的心理问题或心理障碍，影响孩子个性的成长。比如，孩子变得胆小、退缩。由此看来，孩子的恐惧心理有必要及时、恰当地纠正。

应该如何处理这种情况呢？

（1）多了解害怕的动物。

孩子之所以怕小动物、小虫子，是由于孩子对于这些事物了解太少了，了解多了，自然不会这样了。因此，父母要想帮孩子消除对小虫子、小动物的恐惧心理，就要让孩子多了解这些事物。比如，可以和孩子一起看《动物世界》，边看边给他讲解。看到老虎，就告诉孩子老虎的习性、喜欢吃什么等，让他慢慢了解动物是怎么回事。

（2）带孩子和昆虫亲密接触。

为了帮孩子消除怕小动物这种恐惧心理，父母可以经常带着孩子去动物园，鼓励他摸摸温驯的动物，喂它们食物，看它们玩耍（但切记要注意安全）。如果孩子怕虫子，就可以多带孩子去公园捉小虫子，也可以带孩子去郊区、去昆虫纪念馆走走。只有当孩子了解了这些动物之后，才不会产生莫名的害怕和惊慌。

（3）巧用淡化效应。

在一些公园、游乐园，我们经常会碰到这样一种情况：当父母看到一些小虫子爬到孩子身上时，就会尖叫着帮着孩子赶走或踩死那些小虫子。父母保护孩子的心情可以理解，但这种做法就会强化孩子的害怕心理。如果父母发现孩子身上有虫子，最好不要表现得太在意，悄悄拿下就可以了。在心理学上，这种方法叫淡化法。对事物不要做过分的夸张、强化，往往更有好的效果。

（4）让孩子慢慢接受。

从恐惧到接受，心理上的转变是需要一些时间的，成人尚且如此，何况孩子？孩子年纪还小，接受事物比较慢，因此，当发现孩子害怕这些小虫子，甚至表情紧张、尖叫的时候，父母除了要给他解释和示范之外，还不能着急，要给他足够的时间，让他慢慢地接受。不能一看到孩子害怕，就给孩子贴上“胆小鬼”的标签。

**他山之石**

爸爸姓名：杨坤

爸爸职业：摄影记者

儿子姓名：鹏鹏，3岁

我是一个摄影记者，更是一个摄影爱好者，业余时间总喜欢到野外去拍摄一些风景。有一次，我从野外拍摄回来，刚到家，儿子就跳了起来，要我抱抱，给他讲故事。我随手放下东西，把儿子抱起来。可兴奋不已的鹏鹏却突然大喊大叫起来，连连用手推我的肩膀，要从我怀里挣脱。

这到底是怎么回事呢？同样纳闷的妻子走了过来，看了之后说：“不就是一只小虫子吗？难道鹏鹏是因为这个害怕的？”

按理说不至于呀，鹏鹏可是个胆大的小家伙，一只虫子就把他吓坏了？

妻子问他："你是不是看到那个小虫子了，所以害怕？"

鹏鹏的眼睛还盯在我的肩膀上，一边抽泣，一边回答："是的，妈妈。它是不是在咬爸爸呀？"

原来如此！

我把身上的小虫子弄下来，放在手上，然后告诉鹏鹏："鹏鹏你看，这个小虫子以后会变成美丽的小蝴蝶，它是不会咬人的，你看爸爸把它放在手里，它也没有咬爸爸对不对？你过来看看，摸摸它！"

刚开始，鹏鹏还是非常害怕。但在我的鼓励下，他还是仔细看了看，然后就让我扔掉。为了彻底打消鹏鹏的恐惧心理，我抽空陪着他去了一趟昆虫纪念馆，让他了解更多的昆虫知识。

在了解到这些知识之后，鹏鹏再也不害怕这些小虫子了，甚至还有了研究的兴趣。当周围小朋友害怕这些小虫子的时候，他还会安慰他们，这让我们自豪不已。

## 2. 一见水就怕
## ——如何引导不敢尝试型孩子？

北京的夏天天气很热，特别是桑拿天，更是让人喘不过气来。圆圆妈在逛超市的时候发现有儿童专用的游泳池，就买了一个，想让圆圆畅游一番。

回到家，圆圆妈便迫不及待地把游泳池拿了出来。圆圆爸充了气，灌了水，一个游泳池很快就成型了。

“天气这么热，赶紧让圆圆来学游泳吧。你看，还有配送的游泳圈呢。”圆圆妈迫不及待地想要让圆圆享受一下游泳的惬意感受。

“咱家圆圆本来就害怕水，她敢下去游泳吗？”圆圆爸有些担心。

“不知道，赶紧把她抱来看看吧！”圆圆妈给圆圆爸下了“命令”。

很快，圆圆被爸爸从房间里“请”了出来。可圆圆一看到游泳池，立刻就往后缩。

“圆圆，快来游泳，又好玩又凉快！”圆圆妈说道。

“是呀，圆圆，你不是说天气很热吗？爬到游泳池里就不热了。”圆圆爸也在旁边为她打气。

可是，圆圆的眼中充满了恐惧，急忙跑回了房间，玩起了芭比娃娃。

“圆圆，你赶紧出来吧，很凉快的。”圆圆妈跟了进去，伸手去拉圆圆。没想到圆圆非但没有出来，反而哭了起来，边哭边喊：“妈妈，我不要游泳，我害怕……”

“你害怕什么？”圆圆妈明知故问。

“水，我害怕水……”圆圆的哭声越来越大。

为什么怕水的圆圆不敢去尝试呢？

**案例深度解析**

在我们身边，好多孩子都像本文的圆圆一样怕水。这些孩子多表现为，怕父母给她洗澡，看见浴盆就哭，或一听父母让她洗澡就躲起来。如果父母带他们去公园，这些孩子也多不敢站在湖边戏水。

如果孩子身体正常，怕水就算是一种心病，也就是心理学所说的“恐水症”。之所以有此症，是由于孩子对水有恐惧心理。

一般来说，孩子在婴幼儿时期，多多少少都有“恐惧心理”。随着他们对世界的认识的增多，从懵懂到初步认识，他们恐惧或害怕的东西也会增多。不同年纪的孩子所害怕的是不同的，如 2 岁时，惧怕情绪增强，主要是听觉恐惧，如汽车的声音、雷声、动物啼声；在视觉上的恐惧则是怕庞然大物的出现，如突然驶来的卡车、夜晚的黑暗。

此时的孩子，由于心理意识已经开始发育，并具备了一定的思考基础，所以会判断哪些事物安全，哪些事物不安全。既然有了判断危险的能力，必然导致孩子出现“不敢尝试”的胆小情形。感觉安全的就敢于尝试，不安全的就不敢尝试。这类孩子通常会被父母“一棍子打死”——我家孩子胆小怕事。

事实上，孩子之所以看起来胆小，不敢尝试新事物，是由多种原因造成的。

（1）处于自我保护的本能。

对于小孩子来说，认识世界的过程，也是不断接触危险事物的过程，如，学走路会摔跤，洗澡会呛水等。当孩子再次面对新的环境、陌生的人时，这些已有的经验就会让孩子不仅非常小心，而且十分担心，所以表现得胆小、退让。这是孩子本能的自我保护行为，如一些孩子只吃自己习惯吃的食物、穿自己经常穿的衣服、和熟悉的小朋友玩耍等；而对于陌生的事物，他们会本能地拒绝。

（2）尝试之后留下心理阴影。

在生活中，很多孩子好奇心强，总喜欢尝试一些事物，比如看到父母切水果就觉得好玩，于是也拿刀子去切，结果切到了手，此后就再不敢摸刀子了。这是由于尝试的结果让孩子受到了伤害，所以孩子对这种事情产生了恐惧心理。

(3) 不适感产生抵触心理。

孩子怕什么事物，可能与之前接触这类事物时所产生的不适感有关。如孩子怕水，可能因为以前洗澡时，水从头上冲下来让他喘不过气，从而产生抵触的情绪。所以，父母再让孩子洗澡时，孩子就会哇哇大哭，执拗地不愿意去。

此外，还有心理学家认为，孩子有恐惧心理、不敢尝试新事物，主要原因是中枢神经系统对外界的刺激过于敏感，其所作出的反应超出了应有的限度。孩子为何如此敏感呢？这既与孩子个性有关，也与母亲孕期过度紧张、焦虑以及生产时的难产、剖宫产等有关。

**心理学家支招**

孩子怕新鲜事物，不敢尝试，是正常儿童发育中的一种体验，是儿童的一种健康反应。从心理学角度来说，这是惧怕心理的反应，是孩子没有足够的心理准备和自我说服力来接受突然面对的情况。当然，孩子有惧怕心理，也与父母过度保护有关。一些父母过度保护，使得孩子的心理承受能力有限，内心脆弱、胆小或者自卑。这种情况比较多地出现在2～5岁的孩子身上。也有的孩子上学之后还是不敢去尝试一些平常的事物。

通常，惧怕心理会随着孩子能力的提高与年龄的增长有所缓解，但如果惧怕严重而持久，焦虑、好哭、敏感，那就是适应不良的异常反应，应请专业的心理医生治疗。

为了防止孩子惧怕心理越发严重，父母一定要注意教育方式。在日常生活中，不要大声训斥孩子，因为小孩子易受条件反射的影响。父母越大声训斥孩子，孩子可能就会越紧张或害怕。

除此之外，对于有惧怕心理的孩子，父母应该以引导为主。如有必要，可采取以下方式帮孩子消除惧怕心理。

（1）条件反射法。

如果一个孩子在某些事情上不敢尝试，如不敢下水，父母可以通过条件反射来矫正孩子的惧怕心理，鼓励孩子试着去做他害怕的事情。比如，可以往孩子身上洒水，与孩子玩泼水游戏，逐步消除孩子对水的恐惧心理。案例中的圆圆怕水，父母就不应该强制她进去游泳。但可给孩子养一条金鱼，或买一些漂亮的鹅卵石、水草等放在水里，引导孩子去接触水，减少对水的恐惧心理。

（2）提高孩子的心理愉悦度。

孩子高兴、情绪良好时会胆大一些。因而，要让“不敢尝试型”的孩子变得能大胆，可在让孩子尝试某一件事前提高他们的心理愉悦度。比如，游泳时要选择舒适的地方，如露天泳池。那里的水经过阳光的照射，很暖和。孩子感到舒服，就不再怕下水了。

（3）示范脱敏法。

当你发现孩子在某些事情上不敢尝试的时候，你要明白，他们之所以不敢去做，是因为怀疑这些事会给自己带来伤害。如果父母这时能够亲身去尝试一下，打消孩子内心的顾虑，给孩子“积极的正面模仿”，估计孩子就会大胆地去尝试了。

如矫正孩子对水的恐惧，可带孩子到游泳池去看别人游泳、带孩子划船，之后再慢慢抱孩子下水、给孩子浇水、用手托着孩子浮在水面……如此让孩子逐步接近水，孩子就会由怕水而变得爱水了。

（4）不要给孩子设置心理禁锢。

什么叫给孩子设置心理禁锢？简单地说，就是给孩子设定一些条条框框，告诉孩子哪些东西可以尝试，哪些东西不行。比如，我们常常听到身边的父母说类似的话：“这是羊肉，你没吃过的。”“这是平衡木，你以前没玩过的。”“这个橘子是酸的，不是你喜欢的甜的。”父母这样做只会打消孩子尝试的积极性。所以，当孩子想要尝试一些事物时，家长应该尽量放手，让孩子自己来了解哪些可以玩，哪些不好玩。当然，这是在保证孩子安全的前提下。

（5）不要怀疑孩子尝试的能力。

很多父母总是习惯性地问孩子："你敢去试试看吗？"表面上看，父母是在为孩子考虑，让他自己去判断，但实际上，这句话无异于告诉孩子："你面前的这个事情可能有危险性，如果你要去尝试，就得有足够的胆量。"这么说，一些本来就胆小的孩子必然会摇头，拒绝尝试。而再次遇到，他们也会本能地拒绝。

一旦养成了"不敢尝试"的坏习惯，孩子就缺少冒险精神与创新精神了。因而，作为父母，在帮助孩子规避一些有潜在危险的东西时，也要尽量多给孩子自由，鼓励孩子勇于尝试一些新事物。

### 他山之石

爸爸姓名：彭刚

职业：私企老板

儿子姓名：加鑫，5岁

我们家加鑫虽然是个小男子汉，但胆子非常小。最重要的一点是，他不敢碰水。

夏天的周末，我带他去公园散步，看到很多小孩子都在喷泉边玩水。我也鼓励加鑫加入进去："加鑫，勇敢地去玩，只要你不摔倒，不会有危险的。"

听我这么说，原本跃跃欲试的加鑫却退缩了回来，嚷嚷着要回家。

"这是怎么回事呢？难道我刚才的话吓着他了？"边往回走我边思考。

突然，我停住了脚步，告诉加鑫："鑫鑫，爸爸还是想去喷泉边玩，那里比家里凉快。你陪爸爸去好不好？你要是害怕，就在边上站着，看着爸爸玩，好不好？"

加鑫没有说话，眼里明显还有恐惧，不过听说自己不用进去玩，还是跟了过来。

我就一个人进去玩，还和其他小朋友做游戏。加鑫一直在旁边看着，两眼盯得很紧，生怕我溜了。过了好一会儿，我听见加鑫在喊我："爸爸，我……我也想玩……你拉着我好不好？"

我的目的达到了。

尽管开始他还是非常担心，喷泉水落到身上会颤抖一下。但慢慢地，这种情况越来越少，特别是在周围小朋友的带动下，他的兴致越来越浓，玩得非常高兴。

有了这次的经历，他对水的恐惧减少了很多，甚至有好几次还跟着我去游泳、钓鱼。

## 3. 不敢一个人去洗手间
## ——合理引导刺激型胆小的孩子

晚饭过后，童童一家人都坐在沙发上看电视。看了一会儿，童童却开始“捣乱”。

“妈妈，我要尿尿。”童童怯生生地说。

“去呗，又没有人拦着你，赶紧去，尿完了就早点睡觉，明天还要去幼儿园呢!”童童妈眼睛都没有离开电视。

童童见妈妈没怎么理会自己，便跑到沙发的另一边，对爸爸说：“爸爸，我要尿尿。”

童童爸觉得有些奇怪，转过头来对他说：“卫生间就在那里，门开着，你去尿呗，不用跟我报告。”

没想到，几分钟过去了，童童还一直站在沙发后面，一脸委屈，眼泪都掉下来了。

“童童，你怎么了?”童童妈觉得很奇怪，“身体不舒服吗?”

“不是……我要尿尿……”童童边哭边说。

“这么长时间还没尿啊，你为什么不去卫生间呢?”童童爸也转过身来。他明显觉得事情不对劲。

“我怕……我不敢去……妈妈，你陪我去，好不好?”童童使劲拉着妈妈的手，把她往卫生间拽。

“为什么童童不敢去卫生间，他以前可是一个人去的呀?”童童睡觉之后，童童爸问童童妈。

“我也不知道啊。难不成是你昨天在卫生间发现了一只老鼠，把他给吓着了？”童童妈极力回忆后说，“除了这个理由，我真的想不到还有什么原因让他这么害怕卫生间了。”

第二天，妈妈问童童为什么不敢去卫生间，他的回答正是：“卫生间有老鼠。”

为什么童童的胆子这么小？

**案例深度解析**

孩子胆小的表现不同，原因也是多种多样。童童的胆小并不是天生的，而是在遭到某些惊吓、刺激之后才出现的。这种胆小仅仅局限在曾经受到的惊吓、刺激方面，所以属于“刺激型”胆小。

在2~7岁的孩子中，“刺激型”胆小的情况比较普遍，因为这时的孩子有了一定的判断力和明显的记忆力，能记住生活中的小事。比如，有的孩子被狗追过之后就开始害怕狗。

孩子如果胆小，在看到害怕的事物时，通常会有呼吸加快、心跳增速、表情紧张、向后退缩或躲藏的表现。而孩子受了“刺激”，再见到害怕的事物时，通常也有这些表现。如果你发现孩子有这类表现，就要小心些了。

那么孩子的“刺激型”恐惧是如何产生的呢？是由于哪些原因，才让孩子一受刺激就紧张害怕呢？通常，“刺激型”胆小的形成与他的经历和父母不当的教育方式分不开，这种经历使刺激物（如黑暗、医生）和反应（恐惧表现）之间建立了一种非常稳固的联系。当孩子一见到相应的刺激物时，就会立刻产生特定反应。有的孩子被幼儿园小朋友打了之后，就开始害怕去幼儿园；有的孩子被父母吓唬“再不听话，鬼来了”后，就会怕鬼。

现在，我们就来好好分析下原因。

（1）有过不快的经历。

在好奇的驱动下，3岁左右的孩子多探索欲强，什么事情都想去看一眼、摸一下。当孩子“探索”世界时，经常会发生意外：因为玩水而摔倒、因为抓鸡而被抓伤……这些意外一旦出现，就会让孩子意识到：“这些东西会伤害到我。”再加上父母或者周围人的劝告：“以后再也不要这么做了”，“刺激型”胆小的情况就会越发明显地表现出来。

（2）个性敏感而受到刺激。

有些孩子表现得非常敏感，大人无意间说的一句话都可能让他受刺激，继而产生胆小的情况。比如，有的家长无意中说到卫生间有很多蜘蛛网，敏感的孩子就会开始害怕：“在上厕所的时候，蜘蛛会不会咬我？”“会不会像动画片里的蜘蛛一样用蜘蛛网把我捆起来？”

（3）教育方式不当。

与孩子相处时，很多父母不了解孩子的心理特点，常常用不当的方式与孩子相处，如在孩子不听话的时候，一些父母往往吓唬孩子：“你要是不好好吃饭，一会儿警察叔叔就来把你带走了。”“你要是不在9点之前睡觉，大灰狼就会把你叼走。”父母的目的是让孩子听话，但这种方式，却让胆小的种子悄悄埋入孩子的内心。如一吃饭的时候就会想到警察叔叔；晚上9点之后，就会想到可怕的大灰狼……

一个孩子胆小与否，不仅仅和他自身的个性有关，而且也和周围给予他们的刺激有关。这些刺激不仅仅会影响到他们的日常生活，也会影响其心理健康与良好个性的形成。

## 心理学家支招

俗话说：“一朝被蛇咬，十年怕井绳。”每个人在受到刺激后都有紧张害怕的反应，不仅孩子，就是大人，也会在受到某种刺激后变得胆小。因而，父母在孩子受到“刺激”后，一定要正确对待。但很多父母在孩子看到某些事物而胆小时，会把孩子紧紧搂在怀里，千哄万哄，还为他拿一些好吃的、好玩的。父母认为这样能平抚孩子的害怕心理，其实却反而刺激了孩子。如果孩子比较敏感，这样做只会让他们更害怕。此外，也有父母在孩子胆小时，嘲笑孩子“真是个胆小鬼”，结果让孩子更胆小，严重的还会影响孩子的身心，如睡眠不好、消化功能紊乱、心律不齐等。

由此可见，对于“惊吓、刺激”型胆小的孩子，如果不加以正确引导，就易形成固定的模式，让孩子真的变得胆小怕事。所以，父母不能简单粗暴地对待。

如何对待一受“刺激”就胆小的孩子呢?

父母可采取一些小妙方，来帮孩子远离“刺激型”胆小的心理。

（1）给孩子打心理预防针。

孩子之所以会在某些时候受到惊吓，往往是因为没有足够的心理准备。要想减少孩子突然受到惊吓的可能性，父母就应该提前告诉孩子可能会遇到的情况。比如，孩子害怕大的声音，走在铁路旁，你就要先告诉孩子：“一会儿可能要来一辆大火车，如果你不想听汽笛声，先把耳朵捂上。”当然，不是对孩子说：“快捂上耳朵，火车来了，汽笛声该吓着咱们了。”

（2）巧用鼓励效应。

当孩子因为某些事情而产生恐惧时，家长应该让孩子积极地面对这些事情，并且要多加鼓励，不能因为孩子害怕什么而去刻意回避什么。如孩子怕狗，一见狗就躲藏或绕开走，就要告诉孩子“狗不可怕，你可以大方地走过去”。同时还要教孩子一些安全常识。

（3）转移孩子的注意力。

如果孩子不敢去卫生间，你不妨告诉他：“帮妈妈把那个蓝色的盆拿过来，就是那个小一点的、蓝色的。快点，妈妈要用。”你这么说，他的注意力就会从“害怕”转移到让他做的事上，“拿几个”、“拿什么颜色的”，他就不会在意“去哪儿”、“那个地方黑”、“怎么可怕”了。

**他山之石**

母亲姓名：陈培

职业：销售主管

女儿姓名：悠悠，3岁

我是一家外贸公司的销售主管，平日工作非常忙，一个星期也就周末有时间陪我的女儿悠悠，平常都是请保姆来帮忙的。

周末的晚上，我的同事带着儿子来我家做客。我让悠悠去阳台拿玩具给小朋友玩，悠悠却哭闹着不去拿。我很尴尬，不知怎么向同事的小儿子解释，最后还是他自己去阳台拿了喜欢的玩具。

等客人走了，我问悠悠："为什么不给小朋友拿玩具？"悠悠哭着说："阳台上有大灰狼，到晚上就要进来吃悠悠。"女儿哭着鼻子说道。

"这是谁告诉你的？"我问女儿。

女儿的手一指："是阿姨！"

我问了保姆之后才知道，原来每天她在房间里做晚饭时，悠悠总是想到阳台上去玩。保姆怕孩子出事，出于安全起见，就总吓唬悠悠说阳台上有大灰狼。悠悠倒是听话了，可此后她再也不敢去阳台了。

为了不让悠悠再感觉害怕，我就对着她说："妈妈陪你去阳台，看看有没有大灰狼，抓住了一定惩罚它，谁叫大灰狼老是吓唬我们呢？"

悠悠跟在我后面，每次去阳台，也没见到大灰狼。我又耐心地告诉她："阿姨是不想让你一个人在阳台上玩，怕出危险。阳台上根本没有大灰狼。大灰狼是在很远的山上的。"

在我的引导下，悠悠慢慢打消了对"大灰狼"的恐惧感。

## 4. 马桶会把自己抽走吗?
## ——消除孩子的想象型惧怕心理

豆豆4岁那年，他奶奶在散步的时候不慎摔了一跤，腿部骨折。从医院回来之后，双腿经常会疼痛，特别是下雨天。走路不便暂且不说，上厕所也成了大问题。以前家里的卫生间都是便槽的，对于奶奶来说，已是比较困难了。

为了解决这个问题，豆豆爸便把便槽换成了抽水马桶。

奶奶上厕所方便了，但却出现了一个新问题：豆豆不敢去上厕所了。

问他为什么害怕，怕什么？他竟然神情非常紧张地说："妈妈，我怕抽水马桶把我抽走。"

豆豆为什么怕抽水马桶把自己抽走呢？这种恐惧源于一次"事故"。那天，他在上厕所时手里还拿着舅舅给买的"美国大兵"。就在他冲水的时候，"美国大兵"不小心掉到了马桶里，被水冲走了。这下豆豆可不干了，整整哭了一个下午。

刚开始，我觉得他是因为丢了玩具不开心，就安慰他，还答应再给买一套。可豆豆并没有因此停止哭闹，反而哭得更厉害了。

豆豆到底怎么了？

我觉得蹊跷，便问他："豆豆，你为什么哭？妈妈不是答应你……"

还没等我问完，豆豆便一下子扑到我的怀里，抽噎着说："妈妈，我害怕。"

"你怕什么？你看到什么了？"

“妈妈，马桶，它把我的大兵冲走了，会不会把我也冲走啊？我不要在那里便便……”豆豆说完，又哭起来。

我到现在也没搞明白：4 岁的孩子，为什么会由一个小玩具被冲走而想到自己也被冲走呢？难道是由于想象力太丰富，太爱胡思乱想，才让自己产生了恐惧心理？

**案例深度解析**

孩子幼儿时期想象力十分丰富，但有时无法将想象的东西与现实分清或夸大想象，就会“说瞎话”，进而产生恐惧心理，变得十分胆小退缩。这种胆小，属于“想象型”胆小。豆豆便是如此。

“想象型”的胆小在3 岁左右的孩子身上比较多见。这种孩子会怕很多东西，甚至一些原本很平常的事物在他们的想象之下也会变得恐怖。比如，发出怪声的吸尘器，常被孩子想象成吃垃圾的怪兽；转动的洗衣机里的水波，会被孩子想象成丑陋的巫婆……

也有孩子因为想象太丰富不敢一个人在黑暗的地方待着。许多孩子晚上黏人，不敢一个人睡，便是如此。他们一到晚上就离不开妈妈，妈妈走到哪儿，他也走到哪儿；妈妈去洗手间，他就会哭；睡觉总要抱着妈妈，有时还会探出头来东张西望，找那个吓唬自己的东西。

孩子有这么多害怕的东西，不是因为这些东西真的会伤害到孩子，而是孩子在脑子中把这些东西想象成了可怕的东西。

孩子为什么会出现“想象型”的惧怕心理呢？有以下几点原因。

（1）负面环境的效应。

现在孩子从小就看电视，认字前就开始看电视或图书。但电视或图书都会有一些恐怖内容，如将鬼和黑搭配在一起。孩子第一次见，就会有较强的视觉冲击与心理刺激，从而产生恐惧心理。如果父母不加以引导，孩子在独处时就会通过想象夸大恐怖内容。比如，听到雷声，就认为是怪物使的招数。

（2）想象太丰富。

孩子的思维能力正处在发育期，联想能力非常丰富。原本一个小小的事物，孩子会想象成很害怕的东西，如看到窗台上窗帘的黑影，就会想到大灰狼；看到远处信号塔上的灯光，就会想到外星人的眼睛……当联想到可怕的东西时，孩子内心的恐惧也就接踵而至，于是就变成了“想象型”胆小的孩子。

（3）分辨能力差。

抽油烟机、吸尘器对于成人来说，再平常不过，可孩子就会觉得这些是危险的。因为分辨能力差，孩子有时根本不会分辨什么是危险，什么是安全。只要自己想象有危险，自然就会害怕。而一接触到想象中害怕的事物，自然就会胆小。

**心理学家支招**

温驯的动物、夜里的惊雷、陌生的叔叔阿姨，都可能让3岁左右的孩子害怕，甚至因此大哭。为此，很多家长觉得孩子太胆小，甚至非常担心孩子长大后会成为“胆小鬼”。

其实，家长不必因此而过度担心。在这个年龄段，孩子胆小既非个性原因，也非心理问题，而是由于孩子想象力丰富，总是夸大了事实，从而将想象的事物与现实混在了一起。

家有“想象型”的胆小宝宝，父母应该如何对待呢？方法当然很多，最常用的方法就是故事法。孩子最喜欢听故事，如果发现孩子怕什么，就多给孩子讲一些少年勇敢的故事，以激励孩子大胆、意志的决心和自信心。此外，还可采取以下一些小对策。

（1）多让孩子了解害怕的事物。

孩子怕什么，就要让孩子多了解它们。如孩子怕房间有鬼，父母一定要告诉孩子，这个世上没有鬼。还可以让孩子触摸一些害怕的事物，如孩子怕马桶，可让孩子坐在马桶上摸开关，这样，孩子的恐惧心理就会减弱。

（2）带孩子一起如厕，给孩子安全感。

如果孩子害怕被马桶冲走，父母可以带着孩子一起如厕，并告诉孩子：“马桶的洞很小，只会把脏东西冲走，不会把人冲走，因为人太大了，根本冲不进去。再说，你都没有掉下去，又怎么会被冲走呢？”

（3）放一个马桶冲不走的东西在里面。

比如在马桶里放一个废弃的洋娃娃，或大衣、盆子之类的，让孩子看清楚，并不是所有的东西马桶都能吸走，只要大一点、重一点就不行。同时还要告诉孩子，你比洋娃娃还大，比大衣、脸盆还重，又怎么会被吸走呢？

（4）多给孩子讲一些安全常识。

平时，父母要多给孩子讲一些安全常识，比如，马桶、洗衣机、冰箱发出的声音是正常的，不要害怕。再比如，孩子怕打雷，父母可告诉孩子楼房虽高，但都有避雷装置，没有危险，不要害怕。相信孩子听了之后，恐惧程度也就减少了。

## 他山之石

母亲姓名：李琼

职业：卖场经理

女儿姓名：嘟嘟，3岁

我们家嘟嘟原来胆子挺大的，敢去抓小动物，也敢去隔壁的叔叔阿姨家串门，虽然她走路跌跌撞撞，却像一个什么都不怕的小勇士。

可最近，嘟嘟却成了“胆小鬼”，因为害怕吸尘器。早上，我会在她起床前把地毯用吸尘器清理一遍。以前她只是听到声音，并不害怕，可那天她起来上厕所，亲眼见到我用吸尘器把花生米吸走，突然就大哭起来。

“嘟嘟，你怎么了？”我连忙拿着吸尘器走过去。没想到她哭得越来越厉害，还一个劲儿往房里躲。

“这孩子怎么了？”我问旁边的嘟嘟爸。

“会不会是怕吸尘器？我刚才看她盯着它看了一会儿。”嘟嘟爸说道。

听他这么说，我关了吸尘器，然后去敲嘟嘟的房门。好说歹说之下，嘟嘟开了门，见我手里没有东西才放我进去。

“嘟嘟，你怎么了？怎么突然就哭了？”我蹲下来耐心地问。

“妈妈，我怕，那个东西会咬人。”说完，嘟嘟小心地跑到门口，瞥了一眼放在边上的吸尘器。

果真如此，嘟嘟害怕吸尘器。

“嘟嘟不怕，那个东西不会咬人，不信你让爸爸把它拆了给你看，它没有牙。”好说歹说之下，嘟嘟总算答应远距离观看。等她爸爸把吸尘器打开，看到里面的垃圾之后，嘟嘟长舒了一口气。我知道，她这一关算是过了。

果然，以后嘟嘟再也没怕过吸尘器，有时候还安慰小朋友：“不要怕，它没有牙齿，不会咬人的。”

## 5. 一紧张就吃手
## ——消除孩子的不安感

儿子小刚快4岁了。每次看到儿子的照片，王小丽都有种愧疚的感觉，因为自从孩子1岁起，就放在小区内一家退休的大妈家寄养。

“唉，谁让自己工作忙，经常要加班啊!”

后来，王小丽与老公在北京买了房子，就把自己的婆婆接了过来，帮自己带孩子。再加上最近工作不忙，这样，自己就与孩子相处的时间多了。

可最近发现孩子有一个毛病——爱吃手指头，再就是老说“我怕”。

今天是周末，王小丽带小刚去超市买东西。买完东西，王小丽想去洗手间，就对小刚说:“小刚，妈妈要去厕所，你在外等着妈妈，看着我们买的好吃的，行吗?”

“不行，妈妈，我要与你一起进去!”

“可妈妈要去的是女洗手间啊! 小刚是男子汉，进去阿姨们会笑你的!”

“不行，我就要进! 妈妈去哪儿，我去哪儿!”

“为什么妈妈去哪儿，小刚要去哪儿啊!”

“妈妈，我怕!”

“小刚怕什么啊? 这可是白天，再说这里没有吃人的大灰狼!”

“不知道……我就要跟妈妈!”

王小丽见小刚紧紧地拉着自己的手，一副没有了妈妈就是世界末日的样子，就带小刚进了女洗手间。

“小刚这是怎么了，是胆小怕事吗?”晚上睡觉时，看着熟睡的儿子，王小丽与老公讨论着。

**案例深度解析**

小刚的行为看上去是胆小，但胆小与爱吃手指头有何关系呢? 现在，先让我们来分析一下吃手的问题。

从儿童成长的特点来看，孩子吃手指头，是其发育过程中非常正常的行为。心理学家认为，吃手指头会让孩子长本事，如小孩子可以通过吃手指头、啃玩具锻炼大脑与肢体肌肉。因而，孩子在 2 岁前吃手指头，父母不必太着急，因为这种行为会随着年龄增长自然消失。

但如果孩子 3 岁还吃手指头，父母就要注意了，因为此时吃手指头，有可能是由于缺少安全感。如父母忙于工作，没时间陪孩子，孩子就用吃手指头的方式自我慰藉。本文中的小刚爱吃手指头，可能就是如此。

除了爱吃手指头外，小刚还有一个不良表现，就是经常说“我怕”。孩子怕是胆小吗? 与其说孩子胆小，不如说孩子缺少安全感。

孩子为什么缺少安全感?

心理学家认为，在成长过程中，孩子不仅需要父母提供物质上的照顾，还需要亲情，需要心理安全。正因为需要安全感，所以当孩子感觉不安全时就会黏人，强烈地依恋父母或其他养育者。这种依恋是在婴儿与父母或养育者的相互交往和感情交流过程中形成的。

孩子缺少安全感觉，通常是由于不良环境的效应。

（1）受生理、心理虐待。

很多父母总是把工作中的情绪带回家。比如，在公司不顺心，回家就不给孩子好脸色，冲孩子出气。这样一来，父母就将受挫感通过生理、心理的虐待施加给孩子。这就会让需要关心的孩子缺少安全感。

（2）得不到认可。

孩子最希望得到父母的认可与赞赏。但在现实生活中，很多父母评判儿童的行为却没有固定标准。高兴时，孩子做得再差也是好的；不高兴时，孩子做得再好也是错的。生活在这种环境下，孩子大多缺少安全感。

（3）父母爱孩子的方式不当。

没有父母不爱孩子，但有时候，父母爱孩子的方式却让孩子感受不到爱。如有的父母很少夸自己的孩子，却总是夸人家孩子好，而且当着自家孩子的面夸。这样就会让孩子误解："爸爸妈妈爱的是别的孩子，而不是爱我。"会让孩子缺少安全感，也会忌妒被夸的孩子。

此外，如果家庭内部发生问题，如父母不和、父母分居、离异或一方死亡，都可能使孩子感到恐惧，从而缺少安全感。

## 心理学家支招

人在成长过程中，有各种各样的需要，其中，安全感的需要尤为重要。特别是对于婴幼儿来说，更需要父母多加照顾。

从儿童心理学来看，3 岁前的孩子正处在亲子关系依恋的关键期，这个时候是建立爱、信任和安全感的重要时刻。此时，父母一定要注意观察孩子的种种表现。孩子如果缺少安全感，会有胆怯、畏生、敏感、内向、不爱交往、偏激、固执等一系列心理问题，具体问题分析如下。

（1）"恋物瘾"。

所谓"恋物瘾"，是指离开了某一样陪伴物就忐忑不安的行为。据调查显示，3 岁左右的孩子，有九成以上都会对小抱被、小抱枕、绒布熊、用惯的浴巾之类的东西"上瘾"。为何如此呢？当然是由于父母对孩子关心得少，认为只要给孩子买好吃的、好玩的就可以了。结果孩子经常独处，以致要寻求某样物体作为精神上的慰藉才能得到安全感。

（2）"害怕"或"害羞"。

案例中的小刚老说"我怕"，就是缺少安全感的表现。此外，如果父母发现孩子害羞或认生，也需要多注意，因为这类孩子也是缺少安全感。如有的孩子在家爱说爱唱，一到幼儿园就变了个人。老师和他说话时，他不敢抬头看老师，一副不知所措的样子。这就是在老师面前缺少安全感。

（3）攻击欲强。

很多孩子爱打人，有攻击性行为，动不动就打小朋友或家人，这也是由于缺少安全感而表现出的一种本能的自我保护反应。

父母如果发现孩子缺少安全感，可参考以下几种方法，多关爱孩子，并帮孩子进行心理疏导。

（1）赞赏激励法。

对于孩子，要宽容些，孩子做了错事，少指责；做了好事，要多表扬、赞赏。当着孩子的面表扬其他孩子时，要注意自己的孩子反应怎么样。如孩子嘟着嘴，说明给孩子的爱没有给到点上。对于这类孩子，父母更应该多关注，最好多与孩子进行一些比赛，如吃饭比赛、扫地比赛，让孩子多赢少输。同时，还要多激励孩子，如与孩子比赛，孩子输了却没有哭，也鼓励孩子，让孩子学会坚强。

（2）游戏法。

平时，父母可以与孩子玩游戏，可以用玩具来代表爸爸、妈妈、孩子，在游戏中引导孩子说出真实的想法。如果孩子有不良情绪，要让孩子说出为什么生气、为什么不高兴，并以此为契机加以引导，让孩子感受到父母的爱。

（3）巧用爱抚效应。

通常，在孩子情绪不良时，拥抱最能稳定孩子的情绪。所以，在孩子感觉不安时，比如摔坏一只杯子，父母可以先拥抱或抚摸他的后背。这是给孩子一个积极的暗示：虽然我做了错事，妈妈还是爱我。当然，在孩子不敢一个人独睡时，也可以给孩子一个拥抱。

**他山之石**

母亲姓名：杨如歌

职业：公司经理

女儿姓名：文文，5岁

我的女儿文文是一个5岁的小女生，长得非常非常漂亮，也能歌善舞，朋友与家人非常宠她。可最近，我发现文文有个缺点，就是爱打人。跟熟悉的小朋友在一起，动不动就与人家支起架子来。可与不熟悉的小朋友在一起时，她马上就变了一个人，不敢大声说话，甚至人家抢她的玩具，她也不敢说什么。

如今她上幼儿园大班了，每当老师提问时，她总是不敢举手。而老师点名提问时，她总是结结巴巴，回答得一点也不流利。

今天，同事家的孩子亮亮来我家玩，但她的表现却让人失望。

“文文，去与亮亮一起玩!”

“不!”

“亮亮，过来与妹妹一起玩!”

“行!”

两个孩子玩了不到5分钟，文文就开始动手打亮亮了，亮亮当然也不甘示弱，结果，两个孩子都哭了起来。

“不好意思!”同事走时，我不得不向人家道歉。

“呵呵，没关系的，小孩子打架是正常的!”

“正常？我同学说文文缺少安全感!”

“嗯，你什么时候将文文送幼儿园的?”

“2岁!”

“2岁？孩子那么小送幼儿园，当然缺少安全感！孩子害怕受伤，往往就会过度防御，攻击欲自然强。”

“那怎么办?”

“别急，你只要多陪孩子，多给孩子自由，多认可、赞赏她就行了!”

既然有方法纠正，我当然要身体力行了。此后，我只要有时间就陪孩子去公园，并注意一些小细节。如在夸别人孩子的同时也不忘夸文文几句；当文文再打小朋友时，我会告诉她：“不要打小朋友，小朋友不是抢你的东西，只是想玩一会儿。你也可以玩小朋友手中的玩具，与他交换着玩。”

工夫不负有心人，经过我的努力，孩子比以前大胆多了。老师提问，也敢举手发言了。

## 6. 一上幼儿园就哭
## ——是分离焦虑还是安全感差

豪豪已经3岁了，已经到了上幼儿园的年龄。豪豪妈觉得自己可以稍微轻松一下了。但她却发现，豪豪不愿意上幼儿园。只要往幼儿园的方向一走，豪豪就开始不停地哭，边哭边喊着："不要！妈妈，不要上幼儿园，不要……"

刚开始的时候，豪豪妈只是觉得豪豪可能只是认生，不愿意接触小朋友而已，可是眼看半个学期过去了，豪豪还是如此，一说要去上幼儿园，就会没命地哭，几乎每天早上都会来一场"大会战"。

豪豪这是怎么了？豪豪妈怎么想都想不明白。

为此，豪豪妈没少和老师交流过，而幼儿园的老师也反映豪豪比较怕生，每次活动课上，别的小朋友三三两两搭伴儿玩得很开心，唯独豪豪一个人躲在老师的身后不愿意加入其中。

豪豪妈觉得很奇怪：平常看起来挺大胆的孩子，为什么不愿意上幼儿园，而且还不愿意和小朋友玩呢？豪豪真的是一个胆小的孩子吗？豪豪妈苦恼极了。

**案例深度解析**

一上幼儿园就哭，表面看来，孩子可能是胆小或依赖性强，离不开父母，但如果深究起来，可能就有其他原因了。如孩子不适应幼儿园的环境，或与父母有分离焦虑。而这种分离焦虑，通常是孩子缺少安全感的表现。

一般来说，缺少安全感的孩子一离开感觉安全的环境就会情绪紧张、不安、焦虑，如一上幼儿园就哭。

为什么会这样呢？很正常。一般来说，3～4岁的孩子一般都和父母在一起。而突然离开父母到一个陌生的环境里生活，安全感自然会严重缺失，并产生恐惧心理。具体的表现往往就是哭闹、抱着妈妈不放、刚进园一会儿就哭着找妈妈、要回家等。

也有父母说，我家孩子都上一年多的幼儿园了，为什么还哭闹呢？这类孩子依然可能是缺少安全感。比如，虽然上了一段时间的幼儿园，却依然没有对幼儿园建立起安全感。这可能与在幼儿园被小朋友欺负或被老师责骂有关。此外，由于生病、请假等原因，孩子有一段时间没上幼儿园，对幼儿园产生了陌生感，也会缺少安全感。

安全感缺失的情况在很多孩子身上都存在。如果父母不进行正确的引导，孩子很可能习惯于这种心理环境，很有可能真的成为一个“胆小鬼”。当然，要想正确引导孩子，首先得了解他们为什么会出现安全感缺失的情况。总的来说，以下几点原因比较常见。

（1）父母教育方式不当。

孩子与父母相处时，很多父母教育方式不良。如一些妈妈经常说“不听话，就让你自己待在这儿”“你再哭妈妈就不要你了”“你再不听话妈妈就揍你了”之类的话。妈妈说这样的话无非是让孩子听话，殊不知，正是这些话给孩子造成了一定程度的心理伤害。在家长说了这些话之后，孩子或许会闷闷不乐很长时间。

（2）家长和孩子相处时间少。

父母没时间带孩子，就安排保姆或爷爷奶奶照顾。从心理学的角度来说，0～3岁是孩子安全感建立的关键时期，但很多孩子在这期间却长时间远离安全感的源头——妈妈。相处时间少，孩子从父母身上获得的感情也就少。这也是导致安全感缺失的重要因素之一。

（3）对孩子太过溺爱。

父母和孩子相处时间少会引起孩子安全感的缺失，这很多家长都能理解。殊不知，父母和孩子在一起时间太长，给予孩子太多的溺爱，同样也会引起安全感的缺失。因为孩子虽然接受了这些溺爱，内心却并没有真正获得锻炼，也不知道离开父母是什么样的感觉，和父母在一起已经成了习惯。当要打破这些习惯的时候，哭闹自然也就难以避免了。

## 心理学家支招

你的孩子一上幼儿园，就开始哭闹吗？此时，你是否骂孩子胆小，或依赖性强呢？

如果经常这样做，就需要反省下自己的行为了。心理学家认为，如果在0~7岁之间，没有建立很好的安全感，孩子的心理就会受到影响。而如果父母对此不闻不问，他们可能会成为“胆小的孩子”。这样的孩子通常不敢尝试新事物，缺少勇敢精神。

如何才能给孩子建立安全感呢？

在孩子小时候，最好的方法，是用一对一的抚养方式，即由妈妈带。3岁前不要把孩子送幼儿园或交由他人带养。因为，这一时期的孩子正处在亲子关系依恋的关键期，孩子见不到妈妈，必然缺少安全感。因此，建议家有宝宝的妈妈不要早早出去打工。如果出外打工，尽量带孩子一起去。这样至少可以与孩子多多相处。此外，还要多给孩子温馨的情感刺激，如抚摸。在孩了3岁后，要多与孩了交流，常陪孩了聊天，并鼓励孩了发泄不良情绪。这要比给孩子多一件新衣服、一个新玩具，更易让孩子感受到母爱。

除此之外，还有一些方法可以帮助缺乏安全感的孩子。

（1）巧用“鼓励效应”。

处在安全感缺失时期的孩子往往只知道上幼儿园会和妈妈分开，却不知道上幼儿园有什么好处。这时，父母就应该适当地引导，告诉孩子上幼儿园可以和小朋友玩，可以画画、唱歌、跳舞，提高孩子上幼儿园的兴趣。从某种角度来说，这也是在加强孩子的安全感。

（2）多陪伴孩子。

刚进幼儿园的孩子哭闹是正常的，父母既要下“狠心”把孩子逼进去，同时也需要进行一些温和的处理，比如上幼儿园之前先陪孩子去幼儿园玩。另外，孩子刚上幼儿园，父母可以适当陪伴一段时间，让孩子慢慢适应“没有妈妈的日子”。

(3) 利用“表率效应”。

如果父母本身就是缺乏安全感的人，那么孩子也不会好到哪里去。要想提高孩子的安全感，往往需要父母以身作则，给孩子当好表率。比如，父母可以带孩子去体验一些刺激的运动，如碰碰车、过山车；去动物园看一些威猛的动物，如老虎、猩猩等。

(4) 游戏法。

在家里，父母可以与孩子做老师与学生的游戏，让孩子扮演老师的角色。如果孩子不会表达，父母可以用眼神、语言、肢体动作鼓励他。如果孩子出了差错，要告诉孩子，每个人都有缺点与弱势，老师也一样。这样，孩子就不会因怕老师提问而怕去幼儿园了。在游戏过程中，父母与孩子互动，也能增强孩子的安全感。

**他山之石**

母亲姓名：王娜

职业：企业秘书

女儿姓名：玲玲，4岁

玲玲从小由外婆照顾。可能是我和她接触的时间比较少，从小开始，她和我就不是特别亲，而且还表现得特别胆小，不愿意和人说话，更不愿意上幼儿园。

记得第一天把她送到幼儿园的时候，她哭得很伤心，可以用声嘶力竭来形容。虽然我也知道应该坚持让她留在幼儿园，但看到她可怜巴巴的眼神，我还是心软了，把她带回了家。

在咨询了一些专家之后，我知道玲玲是属于安全感的缺失。要想让孩子顺利进幼儿园，必须提高孩子的安全感。

该怎么办呢？

在邻居的提示下，我采取了“限定时间跟读”的方法，即早上把玲玲送到幼儿园之后，我会在那里待上半小时到一小时，并带她一起和小朋友做游戏。尽管刚开始效果不是特别好，可当玲玲和小朋友混熟以后，对我的依赖也就没有那么强了。等我要离开的时候，她还会主动跟我拥抱，说拜拜。

我明白，玲玲对幼儿园的恐惧感已经消失了，我以后可能再也不用“陪读”了。

第二天，我跟玲玲说：“今天妈妈要出差，把你送到幼儿园之后，妈妈就去火车站，晚上妈妈来接你放学，好不好?”

听到我的话，玲玲点了点头，非常懂事地说：“妈妈，我今天不要你陪，我和我的同桌婉儿玩游戏，你早点去火车站，记得晚上来接我。”

望着玲玲和婉儿游戏的身影，我开心极了。

## 7. 一考试就怯场
## ——帮助孩子走出詹森效应怪圈

亮亮是个非常聪明的孩子，尽管只有7岁，却能背诵很多唐诗宋词，还能跟着电视学几句英语。数学就更是他的强项，课堂上老师提的问题基本上他都能回答。他的老师说："亮亮这孩子很聪明，在数学方面，只要他能够静下心去做，正确率可以达到98%。"

可就是这样一个聪明的孩子，每次从学校考试回来，都嘟着个嘴，一副很不开心的样子。亮亮妈知道，他肯定又没有考好。别的孩子都能拿个"学习标兵"、小奖状什么的，唯独亮亮空着手。学校的老师也说了，她也很想给亮亮发点东西，但实在找不到好的理由。

为了搞清楚亮亮考试成绩不好的原因，亮亮妈特地跑到学校去看。那天正好是数学考试。亮亮妈站在教室外面，看到别的小朋友都非常用心地答题，唯独亮亮一会儿看看左边，一会儿看看右边，一会儿弄一下铅笔，一会儿玩玩草稿纸……心思一点都不在考试上。看他考试的整个过程，就像一出闹剧。

亮亮的数学老师告诉亮亮妈："这是亮亮心理紧张的缘故，平常他做数学题时可认真、可仔细了。但在正式考试的时候，他就不知所措了。要是这样下去，心理素质会很差，以后可怎么行啊？"

这正是亮亮妈所担心的问题。尽管亮亮才一年级，成绩对他来说不是特别重要，可长期如此，亮亮的心理素质能提高吗？以后初中、高中乃至大学，会不会也会出现考试时情绪紧张的情况呢？

**案例深度解析**

亮亮一考试就怯场，说明孩子有紧张心理。紧张心理对于某些人、某些场合是非常正常的一种心理反应。但如果孩子过于怯场、紧张，比如，平时学习非常好，但由于怯场，考得一塌糊涂，那父母就要多注意了。

何为怯场呢？顾名思义，怯场是在特定的场合表现出的胆怯心理，以及由这种心理所引发的一些紧张的情绪与行为。如在演讲会上怯场、在幼儿园怯场等。心理学家认为，怯场是一种短暂性的心理失常现象，是由于各种原因造成情绪过度紧张所致。比如，考试怯场就表现为，原来已经熟记的材料、熟练的动作不能重新回忆、再现或再做。

也有很多孩子一到陌生的场合就表现得非常紧张、失常。比如，平时很大胆、很活泼的孩子，一到人多的地方，马上就变得沉默寡言或缩手缩脚。最常见的，有些小孩子会紧紧抱着妈妈或拉着妈妈的手不放，如果让他说点什么，他会非常紧张，甚至结结巴巴。

孩子为何会这样呢？当然是因为怯场。

孩子怯场的原因有很多，主要是由于平时与外界接触少，当然也可能与父母的教育方式有关，如有的父母对孩子管教太严，家里来客人时，严禁孩子在客人面前捣乱。由于立了太多规矩，孩子经常因此受到处罚，必然会导致怯场或在陌生的环境中特别紧张。

而在心理学上，孩子怯场是“詹森效应”的典型表现。何为“詹森效应”呢？其实，这种心理现象来源于一个真实的故事：有一名叫詹森的运动员，平时训练有素，实力雄厚，但在体育赛场上却连连失利，让自己和他人失望。不难看出，主要是因为压力过大、过度紧张所致。由此，人们就把这种平时表现良好，但由于缺乏应有的心理素质而导致正式比赛失败的现象称为“詹森效应”。

很多家长一直没有搞明白：年纪小小的孩子，为什么会在考试这件事上，出现“詹森效应”呢？具体来说，原因有以下几种。

(1) 不良期待效应。

现代社会，哪个父母不想着子成龙、女成凤？甚至在孩子还很小的时候，一些家长就开始给他灌输“好好学习”“考大学”“赚大钱”的概念和意识。尽管孩子未必理解这些话的意义，但有一点是肯定的：孩子会逐渐明白这些事情很重要，如果不好好考试，父母就会认为自己没用。在考试时，心里自然就紧张起来，而且越聪明的孩子，情况越严重。

（2）不适应考场的气氛。

平常玩耍的时候，孩子可能会跟小朋友打闹、说笑，情绪不那么紧张，可在考试的时候，孩子这么做，老师就会进行干涉，甚至说一些“时间不多”“好好考试”的话。这样的气氛往往会让孩子觉得压抑，紧张的情绪很快就会占据上风。

（3）无法快速调整到考试状态。

我们都知道，要想考好试，不仅需要对知识的了解，而且还需要心态的配合。一些孩子平常“野”惯了，一到考试的时候，状态很难一下子调整过来，而在家长、老师的强行“调整”下，出现紧张情绪在所难免，成绩自然也就不会特别理想。

**心理学家支招**

对婴幼儿和那些平时很少出门、很少有机会与外界接触的孩子来说，怯场是非常正常的一种情绪反应，而对在幼儿园或上小学的孩子来说，考试紧张也是正常的。

不同的孩子有不同的怯场表现，而心理学家把怯场分轻度怯场、中度怯场与重度怯场。重度怯场有头晕（俗称晕场）、目眩、心悸、恶心等症状。如何区分轻度怯场、中度怯场与重度怯场？

就以考试为例，轻度怯场表现为，平时熟悉的知识回忆不起来，但思路还比较正常，还能继续进行考试；中度怯场表现为，平时熟悉的知识回忆不起来，注意力不能集中，思路受到影响，这当然影响了答卷速度；重度怯场则常表现为大脑一塌糊涂，什么也想不起来，或双眼发蒙，发生晕场。因而，当父母发现自己的孩子怯场时，千万不能掉以轻心，不闻不问。

父母如何帮助孩子走出“詹森效应”的心理怪圈呢？以下几点或许可以尝试一下。

（1）淡化效应。

如果父母在考试之前，老是提醒孩子考试时要如何如何，就会强化孩子考试的事情，易给孩子造成心理压力。因为你说得越多，考试时刺激孩子产生紧张情绪的信号就会越多。因此，考试前，尽量在孩子面前少提考试的事，可以多聊些天气或社会趣闻。这样既能淡化考试这件事，又能让孩子放松。

（2）巧用注意力转移法。

如果发现孩子考前特别紧张，可让孩子多听音乐，或帮父母适当地做一些家务，运用“转移注意”和“自我暗示”的方法缓解自己的紧张情绪。同时教给孩子考试时的一些放松技巧，比如当心里过于紧张时，可观察老师的服饰、表情，想一小会儿最感兴趣的事情等。

（3）做好充足的准备工作。

很多孩子在考试的时候一旦发现自己的用具带得不够或者不是自己熟悉的，就会产生莫名的紧张。所以，作为父母，一定要在考试的前一天晚上让孩子将该准备好的用具准备好。父母还要告诉孩子，如果考试时发现没有足够的用具，可以向老师求助，没有必要太紧张。

（4）参加文体活动。

在考前让孩子适当参加一些文体活动，放松身心，对防止怯场很有好处。有的家长就在孩子考试之前带着他们去旅行或去看电影。不要觉得这样是在浪费时间，这种做法对减轻孩子的心理压力非常有帮助。

**他山之石**

父亲姓名：郭成钢

职业：报社编辑

儿子姓名：郭彦，6岁

郭彦上幼儿园时成绩相当好。因为我提倡“不要过多关注孩子成绩”，所以每次他都能从容应对。可是他上了小学之后，周围人经常会问他：“学习累不累”“成绩好不好”“你爸有没有教你写作文”之类的问题。久而久之，郭彦对考试产生了厌倦心理，成绩也不断下滑。

了解到这一点之后，我意识到孩子可能是在考试时出现了紧张情绪。

在咨询了老师之后，得到的答案果然如此。

我不看重成绩，但并不意味着对孩子的这种情况可以听之任之，必须想个办法让孩子的心平静下来，走出“詹森效应”的心理怪圈。

可是，到底该如何做呢？有一天，我突然有了一个好想法：在考试前带着孩子去旅游。当我提出这个想法的时候，家人和儿子的老师都觉得我是疯了，但儿子却欣然同意。不管这个方法对还是错，先试试看再说。

那次期末考试，当别的同学都在紧张复习的时候，我却带着儿子在武当山旅游。尽管因此耽误了几天复习的时间，但开阔了眼界的儿子心理素质变好了，考试的时候竟然考了一个不错的成绩，要知道，这在以前可是我不敢奢望的。

看来，我的方法是可行的，以后还要多用。

# Part 2
# 让害羞宝宝大方起来

在我们身边，总是能看到一些害羞、腼腆的孩子。不喜欢和小朋友玩、见到叔叔阿姨也不愿意打招呼、不愿意说话……尽管他们可能很会唱歌、跳舞，但是在陌生人面前总是不愿意表演。如果大人非要他表演，最后的结果往往是哭哭啼啼。面对这样的孩子，家长不能着急，要一步一步帮助孩子。

## 宝宝害羞度测试

你家的孩子害羞、腼腆吗？在很多时候，你并不能通过直观的观察来下结论，因为有些孩子只会在特定的时间、场合表现出害羞、腼腆的一面。比如在老师面前、在陌生人面前，或者在情绪不高的时候。现在，我们不妨来一个测试：

1.小朋友到你家，孩子会主动招待别人吗？

A.会　　　　B.不会

2.你会经常带孩子出去走走吗，比如说你朋友家？

A.不会　　　　B.会

3.你经常对孩子说类似“你怎么这么害羞”“你太胆小”的话吗？

A.不是　　　　B.是

4.在陌生人面前，孩子是不是总表现得手足无措或者喜欢哭闹？

A.不是　　　　B.是

5.在外面的时候，孩子会特别黏你或者你爱人吗？

A.不会　　　　B.会

6.和别人说话的时候，孩子声音大吗？

A.挺大　　　　B.很小，几乎听不到

7.在别人家吃饭，孩子会主动夹菜吗？

A.会　　　　B.不会

8.在学校，孩子会主动参加活动吗？

A.会　　　　B.不会

9.你和你爱人也属于腼腆型性格吗？

A.不是　　　　B.是

10.你的孩子爱笑吗？

A.是的　　　　B.不是

现在，请统计你的选项：

如果你的结果当中，A 选项少于或者等于 6 个，那么，你基本可以确定你的孩子确实有点害羞和腼腆。具体表现可能是不善于和小朋友打交道，也有可能是不愿意见陌生人。不同的孩子表现有所不同，不过有一点是肯定的，作为家长，当发现孩子有害羞和腼腆倾向的时候，要尽早地给予引导，早日让孩子“大方”起来。

如果你的结果当中，A 选项多于 6 个，那么恭喜你，你孩子的表现总体来说还算大方。他之所以有些时候表现出腼腆、害羞的一面，不是性格使然，而是不知道该如何处理自己所遇到的情况。比如，小朋友到自己家做客，他不知道该如何招待、该如何和阿姨打招呼。作为父母，日常生活中只要进行适当的引导和教育，孩子很快就会成长为你心目中的那个样子。

## 1. 不敢当众表演
## ——深解害羞心理

乐乐是个爱唱歌跳舞的小姑娘，每当电视节目中有人跳舞的时候，她都会“翩翩起舞”，跟电视中的人学。大家都说乐乐以后是个舞蹈家，可他们不知道，乐乐是个特别害羞的孩子，从来不敢在别人面前表演。要是跳舞唱歌，最多也只是在爸爸妈妈、爷爷奶奶面前。如果当时有其他的人在场，即便是小表弟、小表妹，她也会拒绝表演。

记得有一次，幼儿园要举办一次六一儿童节的晚会，当老师问她想要表演什么节目时，她想都没想就说要跳舞，而且还在老师的帮助下选定了跳舞的曲目，回家就跟着电视学舞蹈动作。

在接下来的几天时间里，乐乐几乎每天都在练习舞蹈，连平时爱看的《喜羊羊和灰太狼》也不看了。看到她这么认真地练习，爸爸妈妈打心眼里为她高兴：“这个孩子以后了不得。”

不过乐乐的爸爸妈妈也在担心一件事情：现在乐乐练习得这么用功，到时候她敢不敢到台上去表演呢？但他们并没有把这种担心表现出来，只是不断地鼓励着她。

很快，六一儿童节到了，那天下午，许多父母都带孩子去参加晚会。乐乐的爸爸妈妈也不例外，他们都在等着看乐乐的精彩表演。到学校之后，乐乐的爸爸妈妈从节目单中看到乐乐的节目被排在第四个，所以，乐乐一到学校就要化装。化装的时候，爸爸妈妈就在一边鼓励她。

就当乐乐要上场表演的时候，最担心的事情发生了，乐乐不敢上台表演。

“乐乐，该你了啊，快上！”

“是啊，乐乐快去！”

可不管老师怎么劝，小朋友怎么鼓励，她就是不愿意上去表演，催得急了，竟然大哭起来。无奈之下，乐乐的节目不得不被取消。

“关键时刻掉链子，这孩子真是的！”

一想到乐乐这么多天的努力付之东流，爸爸妈妈就觉得可惜。不过他们更觉得不可思议的是，为什么乐乐胆子这么小，不敢当众表演呢？

**案例深度解析**

乐乐之所以不敢当众表演，是由于“害羞心理”作怪。何为“害羞心理”呢？心理学家认为，孩子在陌生的场景或遇见陌生的人时，如果表现出紧张、不安，他就有害羞心理。

有害羞心理的孩子，多不喜欢别人“注视”自己，也不喜欢被别人放在“聚光灯”下的感觉，因为这会让她感觉不自在。有害羞心理的孩子，在家里与家外的表现是不同的。在没有外人的时候，孩子又蹦又跳，非常活泼，可一旦父母带他们出去串门的时候，孩子就像变了一个人，让他跳舞唱歌，他就是不敢，显得六神无主。如果父母因此埋怨，他就会大哭起来。

小孩子大多都会有害羞心理，有调查显示，有1/5的儿童天生就害羞，而剩下的则是某一段时间的害羞，只要过了这个时间段，情况就会好转。如孩子来到一个陌生环境时，总免不了“老实”或“安静”一会儿，混熟之后，便会活跃起来。从儿童成长发展学来看，有一半孩子的害羞心理会从6个月持续到6岁。

小孩子为何害羞呢？事实上，孩子有害羞心理，除了先天的性格如此外，还有以下几种原因。

（1）气质差异。

每个孩子的气质都不相同。如果孩子气质属于黏液质、抑郁质类型，就生性害羞，他们说话低声细语，见到生人就脸红，比较怕生。如本文中的乐乐，虽然在家里活跃，但到人多的场合就不敢当众表演。

（2）有“陌生人焦虑”。

顾名思义，当孩子遇到陌生人的时候，内心就会产生一种焦虑的情绪。在这种情绪的影响下，孩子就会变得胆小、怯懦。原本练得很好的舞蹈忘记了节奏，唱得很不错的歌走了调，这是孩子心理素质不高的一种表现。

（3）可能有心理“预设的偏见”。

所谓心理“预见”，实际上就是指“心理预设的偏见”。比如他曾经当众表演的时候因为搞砸而遭到了耻笑，所以心理就产生了一种偏见，认为当众表演会被人取笑。一旦要他们再这么做的时候，这种“心理预设的偏见”就会出现，阻止他进行当众表演，从而让孩子出现害怕、退缩的行为。

## 心理学家支招

如果家中有害羞的孩子，父母非常着急，特别是家里有客人来时，或带孩子出门见朋友时，孩子会让父母感觉特没面子。因为不害羞的孩子很乐于打招呼，而害羞的孩子不肯打招呼。

最尴尬的情形莫过于父母让孩子与朋友打招呼或叫阿姨叔叔，她却死活不肯，而好心的叔叔阿姨想逗一下，孩子更是立即向父母身后缩。因而，很多父母就会责怪害羞的孩子：“我怎么生出了你呢？”

心理学家认为：孩子 2 岁前有害羞心理是非常正常的。如果孩子到了 2 ~ 3 岁了甚至超过 4 岁还是表现得非常害羞。比如做什么事情都要父母陪伴，怕见陌生人，一见生人说话总低着头、声音小、爱脸红等，那就不宜忽视了，否则，就会影响孩子的交际。

美国心理学家坎贝尔提出：要使孩子心理健康，父母和长辈要作出相应的“精神投资”。对于害羞的孩子，父母应该如何对其进行精神上的投资呢？

下面，让我们看看心理学家的建议。

（1）引导孩子丢下心理包袱。

孩子之所以不敢当众表演，很大一个原因是有心理包袱，这就是受到“心理预设偏见”的影响。这个时候，父母就应该引导孩子抛弃一切顾虑，告诉孩子，你应该大胆前行，不要过多计较别人的评论，也不要过于追求完美，担心失败。只要你发挥出自己的真实水平，你就是最棒的。

（2）巧用激励效应。

当你的孩子表现出害羞的一面、不敢当众表演的时候，父母应该经常用激励效应激励孩子，而且从一些小细节开始。比如，“今天乐乐见陌生人竟然没哭，好厉害”“乐乐今天帮妈妈给陌生叔叔拿凳子了，好棒”等。一旦父母能够给予长期的激励，孩子的害羞心理就会减弱，成长为一个大方的孩子。

（3）情感投资法。

父母要尽可能地多花一点时间陪陪孩子，及时表扬孩子的优点，使他们为自己骄傲，从而更好地建立自信心。在和孩子交流的时候，要深情地注视孩子，和孩子进行温馨的身体接触，一心一意地关心孩子。这样，孩子的害羞心理也会因为父母的关怀而减弱。

（4）提升表现力法。

如果孩子的害羞心理比较严重，家长可以在亲朋好友面前经常性地举办“讲故事”、“唱歌”和“艺术表演”等活动，给孩子一个角色扮演的机会。另外，家长也可以建议孩子经常把小朋友带到家里来玩，妈妈可以设计一些生动、有趣的小游戏来吸引孩子，增强孩子的参与意识。不管孩子表演得如何，父母都应该及时给予鼓励。要知道，最重要的是帮助孩子走出当众表演的第一步，接下来才能要求孩子表情自然、大方，表演精彩。

（5）在游戏中培养主动性。

如果你的孩子表现得比较害羞，家长除了要多带孩子出去见世面之外，还应该鼓励孩子参与小伙伴的游戏，以此来结识小朋友，减少害羞心理的表现。多和小伙伴待在一起对孩子的成长很有益处。

**他山之石**

父亲姓名：杨震

职业：邮政系统员工

儿子姓名：鹏鹏，4 岁

儿子鹏鹏还有几天就 4 周岁了。别看他长得虎头虎脑的，却像小姑娘一样非常害羞，见到陌生人不愿意说话、不敢当着众人的面背诵诗歌、表演节目。别人都说孩子长到3~4岁之后，天不怕、地不怕，非常调皮，可为什么鹏鹏就是这么害羞？

记得有一次，我们系统的同事一起聚餐，我带着鹏鹏一起去参加。在吃饭的时候，一个女同事就问鹏鹏："鹏鹏，我听你爸爸说你在幼儿园里学了很多唐诗，要不你背诵一个给我听听，我把桌子上的花生米全部给你好不好？"

鹏鹏确实喜欢吃花生米，可是要他在这么多人面前背诵唐诗就有些为难了。可是，最终在花生米的诱惑下，他还真开口背诵了唐诗，只是声音太小，那个女同事根本就没有听到。即便是坐在旁边的我，也只是听到了几个字而已。

"儿子，大声点！拿出男子汉的勇气！"于是我要求他声音大一点，也让所有人都听到。没想到他看了看我，又看了看花生米，嘴一瘪，"呜呜呜"哭了起来。

"鹏鹏别哭，都是阿姨不好！咱不背了，快吃花生米吧！"鹏鹏一哭，弄得那位女同事很不好意思，马上过来哄。

在饭后，那位女同事和我聊天时对我说："你家鹏鹏很害羞，你做爸爸的要进行引导啊。我家小孩以前也是这样，说话声音小得都听不清楚，像蚊子叫。"

"那我该怎么引导啊？"其实我早就想这么做了，却苦于没有一个好的办法。

"这其实挺简单的。在他心情好的时候，你可以告诉他你背诵得很好，别人不会笑话你的，并且你要说出哪里好，哪里很不错，这样一来孩子就有自信心了，等他下次再背诵的时候，就不会这么害羞了。"女同事喝了一口茶继续说道，"你还可以让你儿子邀请一些小朋友来你家做客，让他做东，负责招待。慢慢地，你家鹏鹏就会变成一个大方的孩子。"

在女同事的指导下，我就和鹏鹏妈妈商量好，以后就这么引导他。刚开始的时候，他有些抗拒，不过慢慢地，情况确实有了好转。起码在招待小朋友的时候已经有了"大方"的表现。过了半年左右的时间，鹏鹏已经不再是一个"害羞的王子"，而是一个"大方的帅哥"了。

## 2. 人多时总黏着妈妈
## ——如何引导内向宝宝社交

春天到了，妞妞妈妈和几个朋友约好一起去植物园游玩。几个朋友都是当妈妈的人了，去植物园游玩当然要带着孩子，或者说为了让孩子开心。

“妈妈，我们周末真的去植物园?”

“是的!”

“我要去植物园了，去植物园了!”

一听说周末的时候能够去植物园玩，妞妞高兴得跳了起来。周末还没到，就早早地问爸爸妈妈：“我要带些什么东西?”在得到回答之后，就开始收拾自己的“行李”。一会儿的工夫又跑过来问：“妈妈，在植物园我能看到小蜜蜂采花蜜吗?”各种各样的问题，多得让妈妈不免有些烦躁，但想到这是孩子兴奋的表现，便耐着性子一一回答。

终于，周末到了。

早晨，妞妞背着一个装着零食、水、小人书的小书包，和妈妈一起出发了。一路上，妞妞还在不停地问：“妈妈，你的袋子重不重，要不要我帮忙?”妞妞懂事的样子惹得周围人纷纷羡慕妞妞妈妈有福气，女儿这么小，就已经是一个贴心的小棉袄了。

到了植物园门口，妞妞妈妈的同事也都先后带着孩子来了。

几家会合后，场面就变得热闹起来。几个年纪相仿的孩子很快就打成了一片，纷纷拿出自己的玩具“交换”着玩，甚至开始模仿电视节目中超人的样子，向对方“宣战”。就在这一团乱的时候，妞妞妈妈却发现，妞妞竟然站在自己身边，并没有加入到这场“战斗”之中。

“妞妞，怎么不去和小伙伴玩呢?”妞妞妈妈问她。

妞妞摇了摇头，拉着妈妈的手，使劲地把她往人少的地方拽：“妈妈，我们到那边去玩。”

“为什么啊？和这些阿姨待在一起多好啊？还有这么多小朋友，你不是要去看小蜜蜂采花蜜吗？你可以邀请小朋友一起去啊。”妞妞妈妈鼓励着。妞妞却嘟着嘴，一声不吭，一副很委屈的样子。不管谁劝她，她都不愿意去。

一天下来，她几乎一直拽着妈妈的手不放。即便妈妈上厕所，妞妞也都会跟进去。其间有一回，她在旁边看牡丹花，转头却没看到妈妈，便放声大哭起来，任凭那些阿姨怎么哄都不行，直到妈妈回来才止住哭泣，紧拽妈妈的手，一刻都不放下。

现在，妞妞的妈妈很纠结：妞妞这是害羞吗？我该如何让害羞的妞妞懂得交际、和小伙伴自然地融在一起呢?

## 案例深度解析

妞妞之所以会有这样的表现，是因为她个性比较内向，一见生人或一去人多的场合就害羞。

通常，性格内向或胆小的人都比较害羞。与外向型的孩子相比，他们更易受“环境效应”的影响。什么是“环境效应”呢？所谓“环境效应”，就是对环境的变化适应能力差，具体来说，就是指一个人如果处在和自己记忆中相同或者类似的环境之下，内心的愉悦、记忆能力、潜力就会得到相应的提高。相反，如果处在和记忆中不同的环境之下，就会变得不安、扭捏、思维能力下降。

对于像妞妞这种有些内向、认生的孩子来说，最容易受环境的影响，其突出的表现就是一到人多的场合，或自己不熟悉的地方，就喜欢黏着自己的家人。

那么这些孩子为什么在受到“环境效应”影响的时候会出现这些情况呢?

（1）与父母气质有关。

气质是孩子 3 岁前表现出来的行为特征，是从父母身上遗传来的，终生难以根本改变。如父母中一个内向，孩子就比较内向、文静。而胆小内向的孩子多害羞、与世无争，但这样的孩子比较怕人多的场合或不熟悉的环境。

（2）缺少人际交往的心理历练。

如果孩子本来就内向，又很少有机会到人多或陌生的场合，必然一到一个陌生环境就紧张、不安，具体表现为见人说话脸红，甚至向父母后边躲藏。当然，也有的孩子会紧黏着父母，一步不离。

（3）消极思维模式效应。

一般外向型的孩子行事前不会考虑太多。但内向型的孩子就不同了，他会瞻前顾后，考虑很多，而且考虑问题比较悲观、消极。换言之，就是思维模式比较消极。如，一到人多的场合，内向的孩子会这么想："人这么多，我说什么好？如果我说错话了，大家都会取笑我！"正是消极思维模式的效应，让内向型的孩子不敢说不敢做，甚至有些退缩行为。

（4）受环境效应的影响。

心理学家认为，现代社会的孩子从 3 个月之后就对周围的环境有一定的反馈意识。这里的环境包括周围的人、物品、声音、光线等因素。身处一个陌生的地方，母亲不在身边，对孩子来说，都是一种环境的改变，都有可能给他的心理造成不必要的紧张和困惑。

## 心理学家支招

对于婴幼儿，特别是 3 到 8 岁的孩子来说，害羞是非常正常的一种表现，如，害羞的孩子怕去陌生场合，一见生人就表现得非常拘谨。

你家中有害羞的孩子吗？如果你的孩子比较内向，而且过分害羞，你就需要多加注意了。因为孩子过分害羞，会妨碍孩子正常社会交往的发展能力，此外，还会让孩子沉默、胆小、缺乏自信、没有主见等，不利于孩子的个性成长。

家有害羞的孩子，父母应该怎么改造呢？

在现实生活中，很多父母是这样做的：家中一来客人，就会让害羞的孩子待在房间内，或是当着客人的面说孩子害羞，不如某某孩子好。建议父母们最好不要这样做，因为这是给孩子贴上害羞的标签，这标签会给孩子不良的心理暗示，让孩子认为自己就是害羞的孩子，从而难以积极主动地去作改变。

如何让孩子尽早走出“内向型”心理误区，帮助孩子更好、更有效地融入周围的环境呢？

（1）给孩子积极的“环境效应”。

如果您的孩子内向、害羞，就让孩子多与外向的孩子交往。如，在小区的邻居中给孩子找个外向的小朋友，或让幼儿园老师多安排外向大胆的孩子和他一起玩。这样就能给孩子积极的“环境效应”。为何要这样呢？因为很多孩子害羞就是缺少积极的环境效应，所谓“近朱者赤、近墨者黑”，时间长了，相信你的孩子会受“外向型”的孩子心理的影响，从而变得开朗，也会因此变得更加外向一些。

（2）减少心理对抗。

当孩子不接受一个新环境时，产生心理对抗是毋庸置疑的。如果父母能够很好地减少这种心理对抗，就能有效地引导孩子走出“内向型”的心理误区。要想减少孩子的心理对抗，最有效的方法莫过于提高孩子的兴趣，让孩子尝到新环境的“甜头”。比如新幼儿园里有好玩的玩具、新公园里有很多可爱的小狗、新家里有更大的电视等。

（3）做好充足的心理准备。

如果孩子害羞，父母在带孩子会客或家里来客人之前，一定要帮孩子做好充分的心理准备，如和孩子一起收拾房间，准备接待客人。同时，要告诉孩子有多少客人、都有些什么人、孩子到时应该如何做。之前可进行模拟演练，在模拟演练中，父母可扮演客人的角色，让孩子扮演主人的角色，这样孩子就掌握了问候客人、给客人拿水果等基本的常识，客人来时，孩子自然就能轻松地应对了。

（4）让孩子当“小司令”。

如果家有内向型害羞宝宝，可以帮助孩子找几个年龄比较小的小孩，让他们和你的孩子一起玩。这样，在孩子们做游戏时，你的孩子就会占据主动的位置。不管是玩什么游戏，出什么主意，他都会自然地成为孩子中的“小司令”。久而久之，就能走出“内向型”的心理误区，时间长了，自然就会不害羞了。

**他山之石**

母亲姓名：万芳

职业：小学教师

女儿姓名：思思，4岁

我女儿叫思思，是个有些内向害羞的孩子。在家还好一点，一出门就黏着我。思思在幼儿园中比较害羞，因此不喜欢与同学玩，总是一个人待着。她幼儿园的小朋友都觉得奇怪，也有霸道的小朋友总欺负她。每每受欺负后，她总是大哭不止。

记得有一次，幼儿园的一个小朋友抢了她的玩具，她大哭不止，硬是要幼儿园的老师带着她来找我。找到我之后，她扑进我的怀里委屈得大哭，弄得幼儿园的老师非常不好意思，连连跟我道歉说没有照顾好思思。

其实我知道，并不是幼儿园的老师没有照顾好思思，而是思思太内向害羞，以至于不知如何与小朋友交往。

“这样下去可不行，看来我得改变做法了。”晚上回到家，我对思思爸爸说道。

“是啊，这样下去，等她长大了也不知道如何与人相处。你打算怎么办?”思思爸爸反问道。

“还没想好。”我说。

不过，两天之后，我就想到了办法：不理她。那天，她又和一个小朋友发生了矛盾，大哭不止，幼儿园的老师给我打电话，让我过去看看。我去一看，原来是吃饭时旁边的一个小朋友不小心把饭粒撒到了她的裙子上，她不干，非要让人家赔。幼儿园的老师来劝，她不但不买账，还哭闹起来。

了解到事情的缘由之后，我脸色一沉，对思思说：“以后这种小事情不要再来找妈妈了，你自己解决吧。妈妈那边还有那么多哥哥姐姐要照顾呢。”

听了我的话，小思思一脸茫然，委屈得想要扑进我的怀里大哭。我却推开了她，离开了幼儿园，身后顿时传来号啕大哭的声音……

一周后的一个晚上，思思的心情看起来很好。我试着问她：“最近怎么样？小朋友还抢你的玩具吗？”

“没有，我今天先把我的玩具给她玩，她也给我玩具玩，我们现在是好朋友了。”

听到她的回答，我放心了，看来我的做法是正确的。果然，在接下来的几个月里，我一直坚持下来。思思的内向也就慢慢消失不见了。

## 3. 奇奇喜欢躲在妈妈背后
## ——帮助认生宝宝

今天是周末，奇奇的毛衣小了，奇奇妈妈决定带她去附近的商场买件小毛衣。没想到却在商场遇到了自己的闺密王云云。

“奇奇，这是王阿姨，快叫阿姨好，你那个芭比娃娃可是王阿姨买的！”奇奇妈妈拉着奇奇的手说。可让她没想到的是，奇奇竟然一步步地退到了自己的身后。

“奇奇，怎么把阿姨给忘了呢？快叫阿姨，一会儿阿姨给你买好吃的！”

“妈妈，回家……妈妈，我回家……”

奇奇大喊大叫要回家，这叫妈妈感觉很没面子。

“奇奇，快叫阿姨，不能没礼貌，知道吗？妈妈最不喜欢没有礼貌的孩子了。”

“哇……”一听妈妈这样说，奇奇大哭了起来。

“奇奇不要哭，你想怎么样就怎么样，不要哭了！”一看孩子哭了，王云云赶紧去买了一个冰淇淋。

“云云，不好意思，唉，这孩子跟你家强强差远了，每次见生人总这样。每次去你家，你家强强都主动叫我，我家孩子太没礼貌了！”

奇奇是没礼貌吗？

**案例深度解析**

孩子一见陌生人就向身后躲藏，或者不跟陌生人打招呼，这不是因为没礼貌，而是由于孩子认生。

如果你仔细观察，在我们身边，有很多奇奇这样的孩子。如果家里没客人，或没见陌生人，这些孩子表现得很大胆，但一见陌生人，他们就像换了一个人。比如有的会突然害羞，躲在妈妈身后偷偷地张望；有的则会哭喊着跑到妈妈跟前或向妈妈怀里钻。案例中的奇奇便是如此。

孩子为什么会认生呢？心理学家认为，认生是孩子认识能力发展过程中重要的记忆变化。它意味着孩子在感知、辨别和记忆能力方面有了一定的发展，比如能够区分熟人和陌生人，能清楚地记得不同人的脸；同时也说明孩子在情绪和人际关系发展上有了重大变化，比如对亲人与陌生人的态度截然不同。

孩子认生有多种原因，下面我们来具体分析一下。

（1）个性的因素。

每个孩子的个性都不相同，有的内向、害羞、退缩；有的则是活泼、大方。相比较而言，性格内向、害羞的孩子，要比性格外向、大方的孩子更易认生。

（2）缺少安全感。

婴儿是在家人的精心照料下不断成长的，在成长的过程中，对父母与家人自然会产生一种依恋之情。只要父母家人在旁，就觉得安全；如果出现生人，就会焦虑恐惧。而当孩子稍大后，很多父母因担心安全问题，不让孩子单独外出，这就给孩子外面不安全，陌生人可怕的印象，时间长了，他们自然不习惯陌生人的出现。

**心理学家支招**

孩子认生通常发生在出生后 6 个月时，而且有一个逐渐显现的过程。通常，在 8 ~ 12 个月达到高峰，之后逐渐减弱。不过，由于个性环境等因素的影响，很多孩子在 3 岁以后依然会有认生表现。

如果你家宝宝 3 岁了依然认生，你就要设法引导他走出认生的怪圈。

要知道，认生对孩子的成长不利，既影响孩子的智力及交往能力的发展，又降低了人们与孩子交往的兴致，从而让孩子形成交际障碍。

父母如何帮孩子不认生，能大胆地面对陌生人呢？

（1）“系统脱敏”。

如果自己的孩子认生，父母可采用“系统脱敏”这一心理疗法来帮助孩子。具体做法是：父母可以在家里来客人时先让孩子在远处观望生人，然后再让孩子离得近一点，让他与生人接触，并鼓励他与生人相处。这样就能慢慢降低他的焦虑或恐惧感。

（2）好感法。

家里来客人时，可以让客人先递给孩子一个玩具或美食，让孩子对生人先有好感，再开始和他交谈。交谈时定要注意声音温和，否则会让孩子更紧张。当孩子的紧张情绪消除后，客人再亲近他、抚摩他。这比“贸然”地抚摩他要好得多。

（3）互动法。

家里来客人，父母不要冷落孩子，最好是设法促成孩子和客人间的互动，比如，让客人看孩子画的画，或让孩子唱歌，多让孩子表现自己，这样，孩子就不会因客人的到来而有受冷落的感觉，从而产生不良情绪。

（4）游玩法。

让孩子与喜欢的小朋友一起玩。父母可以带孩子到小朋友多的地方去，先让孩子接触陌生的小朋友，鼓励孩子与他们一起做游戏、交朋友，之后再让他们接触成人。

**他山之石**

妈妈姓名：孙小燕

职业：自由职业者

女儿姓名：音音3岁半

音音是一个非常漂亮的小女生，平时在家里能说会道，非常有条理。但让我纠结的是，家里一有客人来，或一带她出去做客，她就像变了一个人——非常认生。

昨天，我要去参加一个同学的婚宴。音音一听，非闹着要去，我就带她去了。婚宴在一家酒店举行，我与几个同学坐在一起，同学李小凤也带来了两岁的女儿佳佳。

“音音，这是刘阿姨，这是赵叔叔……这些都是妈妈的同学，叫阿姨、叔叔！”我鼓励音音叫人，可她依然像以前一样一个劲儿往后缩。

“刘阿姨好，赵叔叔好……”佳佳却像一个小大人似的与我的同学打着招呼。这让我特没面子，婚宴一结束，恨不能马上带音音回家。但李小凤却建议我带孩子去公园玩。

到了公园，佳佳马上去玩滑梯了。

“音音，你不是也玩滑梯吗?”

“嗯!”

“那妈妈带你去!”

我将她带到滑梯边。她慢慢到了顶端，然后下滑……

我与李小凤聊天。

“李小凤，你家佳佳怎么一点都不认生呢?”

“呵呵，佳佳一岁半的时候很认生，一见陌生人就紧张，特别是怕见长胡子的男士。我有个表哥，特喜欢逗佳佳玩。可佳佳一见他，总是大哭大叫!”

“那她后来怎么不认生了?”

“那是因为我老带她出去玩，哪儿小朋友多就去哪儿！另外，我出去见朋友、逛商场，也爱带着孩子。每次出去前，我会告诉她，这次妈妈要见哪些人，你应该叫阿姨还是叔叔……让孩子有个心理准备，不至于太紧张。时间长了，孩子自然就不认生了!”

“就这些?”

“还有，平时不要老指责孩子，要告诉孩子她的优点。我就经常告诉佳佳，她的腿非常长，皮肤非常白！这样孩子就会有自信，遇到生人时，就不会退缩掩饰自己的缺点。”

“那我回去也试试!”

“我还建议你邀请一些小朋友到你家做客。非常有效!”

那个周日，我家来了8个小朋友。一开始，音音有些拘束，但很快他就与小朋友玩了起来。此后，我经常聚集一些小朋友来家玩。慢慢地，孩子不再像以前那么认生了。

## 4. 一出门就退缩
## ——让孩子“大方”起来

洋洋已经3岁半了，长得虎头虎脑的，在家天不怕地不怕，整天拿着“冲锋枪”，让爷爷奶奶“举手投降”。不知道的人都觉得他肯定是一个活泼开朗、落落大方的小男孩，可实际上，他的活泼开朗、落落大方仅局限在自家之内。

为什么这么说呢？因为他一出门就“不大方”了。无论去学校，还是去小朋友家玩，他表现得都像个小姑娘，甚至小姑娘都比他大方。

有一次，妈妈带他去一个同事家玩，同事家有个小姑娘，名叫佳佳，比洋洋还小些。

吃完午饭，两个妈妈带着孩子去附近的公园里玩。路上，佳佳特别活泼，蹦蹦跳跳地带路不说，还和遇到的邻居打招呼，“叔叔”“阿姨”地叫着，人们都夸小姑娘懂事。可洋洋的表现却非常扭捏，一会儿躲在妈妈身后，一会儿又要妈妈抱着。妈妈懒得抱他，他就哭了起来。不知道的还以为是佳佳欺负了他。

“不好意思啊，佳佳，哥哥太丢脸了，竟然哭了。”洋洋妈妈蹲下去对佳佳说道。

“没事的，阿姨，我有时候也会哭。可妈妈说，经常哭的孩子不乖，我就不哭了。”佳佳的回答更让洋洋妈妈汗颜了。为什么别人家的孩子都这么大方懂事，而自己家的孩子却这么“不大方”呢？看到洋洋这种表现，洋洋妈妈觉得丢脸，就匆匆找了个理由带洋洋回了家。

回了家，洋洋妈妈就对洋洋爸爸埋怨：“洋洋真没用！今天的面子都丢光了，一点都不大方。”

洋洋真的是一个不争气的孩子吗？洋洋为何不大方呢？

## 案例深度解析

洋洋为何不大方呢？当然是由于换了环境，有些认生。很多像洋洋这么大的孩子都有这种不大方的表现，如，让他跟陌生人打招呼时，他就会躲到大人后边。怎么也不肯大大方方、有礼貌地称呼人。

孩子是从何时认生的呢？一般来说，在几个月的时候就开始认生了，通常 3 岁以后会好一些，但也有一些孩子 3 岁以后更加严重。他们平时在家非常活泼，一副小大人的样子，可一旦到了外面，就像变了个人似的，表现得非常扭捏，还经常哭哭啼啼，在家里的那种“威风劲儿”荡然无存。孩子的这种表现，是由于他们生性比较害羞，在别人面前不够大方，是一种退缩性行为。

孩子为何在家在外表现迥异呢？

心理学家认为，这是由于个性和环境的原因。如果父母溺爱孩子，百依百顺，这些孩子在家就什么都不怕，表现得就活泼大方。但如果对孩子过于保护，很少带孩子出门，那么偶尔带孩子出门时，孩子就会表现得非常忸怩。

当然，孩子在外不大方的原因是多方面的，具体分析如下。

(1) 孩子过于焦虑。

现代父母给孩子最好的生活条件，为什么孩子还会“心理焦虑”呢？当然是因为父母忙于工作，没时间照顾孩子之故。但这些父母不了解，孩子在物质需求的同时，更有情感需求，需要父母多陪伴，才会有安全感。否则，孩子内心的焦虑就一直存在。“妈妈什么时候回来？”“爸爸是不是不要我了？”类似的问题就会一直在孩子脑子中盘旋。

(2) 缺少激励效应。

孩子做错事很正常，比如把邻居家的杯子打碎了、和阿姨家的小妹妹抢玩具闹翻了、因为不认识父母的同事而没有叫人……面对这些错事，很多父母只是责备。这样，就让孩子缺少信任感觉。父母的肯定和信任将会给孩子很大的激励作用。如果这种激励被责骂代替，渐渐地，孩子“走出去”的心理欲望就会降至最低点。

(3) 缺少期待效应。

每个孩子做事都有一定的心理期待。举个例子来说，和妈妈出去逛超市，他的心理期待可能是获得一个玩具；和邻居阿姨打招呼，他的心理期待可能是获得一盒巧克力或妈妈的一个表扬……如果每次行动之后，他的心理期待都没有获得满足，那么以后再出去，他们就不会表现得那么积极了。

**心理学家支招**

父母总会看到这样的场面。有些三四岁的孩子又跑又跳，非常开心；有些孩子却缠着父母，死活不肯离开半步。后者就是羞怯内向的孩子。这类孩子在家时多非常活泼，但到了外面就变成了另外一个人。

同“内向型”害羞的孩子一样，“不大方型”害羞的孩子如果父母不加以引导，其长大后往往也会表现出自卑、害羞、自闭的心理倾向，给他们的生活、工作、交际带来很大的影响。因而在日常生活中，父母一定要做有心人。如果发现孩子害羞，更要小心观察，看看孩子属于哪一类型的害羞。

通常，“不大方型”害羞有一个明显的时间周期。在孩子6个月之前，基本不会出现这种情况。此后一直到3岁，“不大方”的情况都比较突出。3岁之后，这种情况可能会减弱，尽管一开始见到生人还会“不理不睬”，但很快就会和他们玩熟。如果你的孩子超过3岁，“不大方”的情况还比较明显，你就可以利用“门槛效应”帮助孩子走出“不大方”的心理误区。

什么是“门槛效应”呢?

“门槛效应”是心理学家查尔迪尼研究发现的。通常，对于别人提出的简单要求，人们一般很难拒绝，因为怕别人认为自己不通人情。但当接受一个简单要求之后，对方再提出较高的要求，人们为了给外界留下前后一致的印象，就会接受这个较高的要求。这就是著名的“门槛效应”。为了帮助孩子远离“不够大方”的误区，父母可借用这一效应，即在对孩子提出要求时，要考虑孩子的心理接受能力。

具体该怎么做呢？以下方法可以参考。

（1）不给孩子提太多的要求。

一些父母带着孩子出去时，总要求孩子“叫李阿姨”“给叔叔唱支歌”“跟小妹妹一起跳舞”等。对于生性开朗的孩子来说，这并不是难事。可对于“不够大方”的孩子来说，这些要求简直比登天还难。所以，父母引导孩子应该从简单的要求开始。比如“给叔叔搬个椅子”“把自己的玩具借给弟弟妹妹玩”等。

（2）不要让孩子突然接近陌生人。

家中如果要来客人，妈妈就要在之前告诉孩子，并教他如何与客人打招呼。这样就能避免孩子因不知如何应对而出现不大方的情形，如向父母身后躲、不向客人问好或躲到房中不敢出来。

（3）借用激励效应。

尽管孩子“不够大方”，父母却不要当场、事后给予难堪和指责，最好的做法是鼓励孩子，用激励效应让孩子再接再厉。如：“下次你再见到王叔叔一定会叫他的是吧！”如果孩子有好的表现时，别忘了及时鼓励和赞美，为孩子建立自信心。

## 他山之石

母亲姓名：李艳

职业：经理助理

女儿姓名：蒙蒙，5 岁

我们家蒙蒙在 4 岁的时候一出家门就特别胆小害羞。如，在幼儿园不敢和小朋友玩，见到老师也不敢说话，每次带她出去参加聚会，她也总表现得“羞答答”的。

刚开始时，我们对蒙蒙的表现并没太在意，总觉得女孩子羞涩一点很正常，总比那些顽皮的孩子要好管一些。

但前几天，我却发现事情没这么简单。

那天，我带蒙蒙去书店买书。我让蒙蒙去交钱，自己则在店里听音乐。本以为蒙蒙很快就能付钱回来。可十多分钟过去了，她却还没回来。

她到底在干什么？

我扭头一看，却见她站在收银台前。收银员问她："小朋友，你是不是要结账？"可她既不答应，也不看人家，而是低着头，一动不动。

"蒙蒙，你怎么不结账呢？"我很奇怪，也有点生气。

蒙蒙看了看我，又看了看收银员，突然哇哇大哭起来，引得周围人都回头看她。

我心里一阵烦躁："这样下去如何了得，以后她一个人怎么生存？"也正是那一次，我下定了决心，要对她进行一系列的改造。

如何改造呢？我开始请教周围孩子的妈妈，和她们探讨一些引导的方法。最终，我选择了"一次进步一点点"的做法。也就是心理学上的"门槛效应"！

具体做法是，每次要蒙蒙做什么事时，只要求她做一点点。比如结账时，我不再要求她一个人去，而是陪她一起去，不过钱由她交给收银员；遇到熟人时，我不要求她叫"叔叔""阿姨"，仅要求她安静地坐在我身边，而不是躲在我的身后……刚开始，蒙蒙爸爸对我的做法很不理解，认为孩子缺什么，就该给她"补"什么，怎么能这么慢吞吞地引导呢？

不过，当我说出理由之后。蒙蒙爸爸就同意了。

过了一段时间，蒙蒙的表现已经让我很满意了。她已经能自如地做到我的第一步要求。我就开始按第二步的要求训练她，如让她独自去结账，我在一旁看着；见到熟人时要回答他们的问话；和小朋友玩耍时要主动把玩具拿出来分享……

一步步地进行下去，现在的蒙蒙不再害羞，已成为一个"大方"的小姑娘了。

## 5. 家里来客人就躲
## ——孩子怯于见人，怎么引导？

过年了，朵朵家里来了很多客人，父母都在忙着招待。突然，其中的一个客人惊讶地问道：“你们家朵朵呢？我都好久没见她了，应该长高了不少吧？”

朵朵爸爸这时才发现，朵朵根本不在客厅，于是就去找她，却见她正一个人在自己的卧室里玩儿。

“朵朵，快点出来，李叔叔来看你了，还给你买了很多好看的书。”爸爸在客厅里喊道。

“我不去！”

“朵朵怎么能不去呢？李叔叔、王阿姨、敏敏姐姐今天来家里做客，你拿点糖果给他们吃好不好？”朵朵妈妈也在客厅里面喊道。

“就不去嘛！”

“这孩子怎么了？怎么一点都不听话？”朵朵爸爸有点尴尬，就走进朵朵房间，说，“你在干吗？爸爸叫你你听到了吗？”

面对爸爸的训斥，朵朵只是嘟了嘟嘴，一脸不快的样子。

见朵朵这样，爸爸气不打一处来，就想把她拉到客厅。没想到她刚被拉起来，就“哇”地哭开了。

“来，朵朵乖，看叔叔给你买什么好东西了？”客人李先生也进来套近乎。

可朵朵一见到他就躲到了爸爸的身后。

“这孩子，怎么这么不懂事？看来你想挨揍了。”朵朵妈妈气呼呼地说。

妈妈的恐吓并没有止住朵朵的哭声，反而让她哭得更厉害了。

“对不起啊，老李。孩子不懂事，让你见笑了。”朵朵爸爸只能跟客人道歉。

“没事。朵朵，是不是叔叔不常来，所以怕见叔叔是吗？”李先生一脸和蔼地说道。

“嗯！”朵朵点头道。

“没关系。朵朵，叔叔给你介绍一下，这是敏敏姐姐！”

敏敏比朵朵大两岁，一见朵朵就跑了过来。不一会儿，两个孩子玩了起来。

客人走后，爸爸不解地问：“孩子为什么怕见李叔叔，是怯生吗？”

“应该是吧！可为什么朵朵见到小朋友就不会这样呢？”妈妈也很无奈。

## 案例深度解析

一见家里来客人，孩子就躲在房里不愿出来，相信很多父母都有这样的经历。孩子为什么会这样呢？当然是由于怯生。更确切地说，是怯见生人或怕见外人。

怯生是害羞的一种类型，但与认生型害羞还是有区别的。认生型害羞是见所有的陌生人都害羞，而怯生型害羞的孩子在外面可能并不怯生，只是怯于见父母的朋友、亲戚或长辈。即使是熟悉的长辈，他们也不愿开口打招呼。如果长辈想逗他们一下，他们立刻成了蜷缩的刺猬——低着头，红着脸，不知说什么好。

实际上，这些怯于见人型的害羞孩子对其他人是很感兴趣的，只是他们内心的忧虑感和紧张感占了上风，让他们不知如何见长辈。

一般来说，怯生型害羞的孩子并不是时时刻刻都害羞，他们的害羞大都只表现在特定的环境里或特定的人群前。如很多孩子怕见老师，但见年纪相仿的生人却不会紧张。

那么，孩子为什么会怯生，特别是怯于见长辈呢？

（1）有过不快的经历。

比如，有些长辈常常逗孩子，说孩子不听话就叫大灰狼吃他，或在孩子犯错时对孩子过于严厉。这都会导致孩子对长辈产生惧怕或紧张心理。同理，如果幼儿园老师严厉批评过孩子，孩子也会怯于见老师。

（2）孩子的“心理安全区域”小。

每个孩子的“心理安全区域”是不一样的。有些孩子在家里最安全，无论谁来都不会怯场；而对于生性怯生的孩子来说，“心理安全区域”就会大大缩小，只要是感觉不熟悉，他们都会觉得胆怯。

（3）遗传因素。

遗传是导致害羞的间接因素。在婴儿时期就可以明显地看到有些孩子比较敏感，这可能是因为母亲怀胎时压力过大。而如父母性格内向、害羞，平时不怎么与人联系，家里很少有客人来，自然也会造成孩子害羞、怯生。

**心理学家支招**

你的孩子怯生吗？是怯见所有的生人，还是怯于见长辈呢？

通常，儿童在婴幼儿时期都怯于见人。有的孩子怯于见长辈，如外公，舅舅，也有的孩子怯于见幼儿园的老师或长得比较高大、神情比较严肃的人。如果孩子只是见了他们比较紧张，不敢大声说话，还算比较正常。但如果孩子一见这些人就躲藏、哭闹，父母就要加以重视了。

一般来说，如果孩子怯于见人，可以先让孩子接触表情和蔼的人，如年轻乐观的女亲戚、幼儿园中的女老师。因为孩子一般都喜欢年轻女性。所以在串门时，父母可以让孩子先与那些漂亮阿姨或小朋友打招呼，讲几句话，最后再与怯于见的人打招呼。

此外，父母还可以用以下几种方法引导孩子。

（1）妙用期待效应。

当看到孩子很想和小伙伴玩，却又不敢加入时，父母应该用期待的眼光看着孩子，并这样对孩子说：“为什么不走过去，让那些孩子看看你的新玩具呢？如果你走过去，妈妈会很高兴的。妈妈最喜欢勇敢的孩子了！”父母还可以拉着小伙伴的手说："我和我的孩子可不可以一起来玩?"这个时候，父母要尽量陪孩子多待一会儿，等孩子玩得高兴时再退出来。

（2）给孩子设置一个"心理安全区域"。

如果孩子怯见生人，可以先给孩子设置一个"心理安全区域"，如事先告诉客人孩子的优点，以及感兴趣的事。客人来时，让孩子待在房间内自由活动，但必须半开着门。这样，客人的夸奖就会传到孩子耳中。之后，父母可以与客人聊些孩子感兴趣的事。最后再让孩子帮忙拿杯子，顺便让他跟客人打招呼。

（3）给孩子积极的心理暗示。

父母不能给孩子贴上"害羞"的不良标签，而应该给孩子积极的心理暗示。如告诉孩子："你不是一个害羞的孩子，只是你现在还不知道该如何交往。"或者说："如果你能够按照妈妈的话去做，保证你很快就能找到小朋友一起玩。"

## 他山之石

父亲姓名：严明

职业：工程主管

儿子姓名：严文章，5岁

我是建筑公司的工程主管，每天要见的人很多，上有公司的领导，下有建筑队的人。也正因如此，我家几乎每天都有客人。刚开始，我家文章还比较"好客"，看见客人来了，会帮我搬椅子、拿茶叶、递烟，一副小大人的样子，很讨人喜欢。来我家做客的人也都夸他懂事。

可是，在文章5岁的时候，他似乎一夜之间变成了一个"害羞的小姑娘"。见到客人也不打招呼，我让他帮忙做点小事也不做，一见到家里有陌生客人来访，就躲进自己的小房间。

刚开始我还以为他是在偷懒、不愿意帮我做这些小事，可有一次，我让他给一个同事拿点水果，他却死活不干。从他的眼睛里，我看到了恐惧，似乎我的同事要把他带走似的。他妈妈再三要求，他却大哭起来。

原本开朗大方的孩子为什么突然变得这么害羞、怯于见人呢?

后来我终于想起，有一次，我的一个同事曾经对孩子开过玩笑：“文章，你不是你爸妈亲生的，等我找到你的亲爸妈就带你走，行不行?”记得当时孩子就哭了起来。孩子是不是被吓怕了呢?

但孩子妈妈不同意这一点，说是因为我对孩子要求太严格了。

我查阅了很多资料，发现孩子怯于见人是“害羞”的表现，其原因有很多，其中一个原因就是与曾经的挫折经历有关。如因为不小心把客人的杯子打翻而被父母狠狠地训斥。

我也因为家中的客人训斥过孩子，看来孩子妈妈说得没错，是我教育方式不当。

于是我决心改变。

几天后，一个外地的朋友来我家做客。在他来之前，我告诉文章：“一会儿你陈叔叔要过来，就是上次给你买变形金刚的。他喜欢吃西瓜，一会儿你从冰箱里拿点西瓜出来吧。”说完之后，文章呆呆地看了我一会儿，迟疑着点了点头。

尽管那天文章没有主动喊“陈叔叔好”，但还是拿了西瓜出来。他的这一举动已经让我兴奋不已，毕竟有进步了。看来这个方法还是挺管用的。

此后，我就一直用这个办法来引导文章变得“主动”一点。现在文章已经大方多了。

我成功了。

## 6. 怕哥哥姐姐的成成
## ——帮孩子远离“怕大”心理

成成已经3岁半了，在家很霸道，除了爸爸，他不把任何人放在眼里。但这个小霸王却非常害怕比自己年龄大一点的哥哥姐姐，无论是自己的表哥表姐，还是公园里、邻家的小朋友，一见到他们就蔫了，而且十分听话，大孩子让他做什么他就做什么。

成成家所在的小区里有几个比他年纪稍大一点的孩子，几乎每天都要见面。每次那些孩子都会主动让成成一起玩游戏，可成成却表现得非常小心，大都不敢去。

像吹泡泡这样的游戏他也不敢参加。有一次，成成妈妈实在是看不过去了，就鼓励成成：“成成，你看，小哥哥小姐姐们玩得多好啊，要不你也去玩吧，妈妈就在这里看着你。”那些大孩子的父母也在鼓励成成。成成却没有说话，脚都没挪动一步。成成妈妈就想把他拉过去，没想到他竟然哭了起来，弄得大家非常尴尬。

还有一次，一个比成成稍大点的姐姐手里拿着一个小铲子，他拿着一个小勺子，小姐姐想要他的勺子。

“成成，跟小姐姐换着玩吧！”

在妈妈的再三鼓励下，两个人就交换了，刚换完一会儿，小姐姐又把她的铲子抢回去了。这下成成也不干了，也想去把小勺子给抢回来，可是刚走上去就愣在那里了，一句话没说，就哭着往妈妈的怀里钻。

“成成，你找小姐姐把铲子要回来，去！”

可成成死活不去，最后还是妈妈帮她要回来的铲子。

一个小小的男子汉，为什么这么“怕大”呢？

## 案例深度解析

在生活中，我们常常见到这样的情形：孩子在家横冲直撞，谁都不怕，在外却不愿与大孩子一起玩，甚至有些怕大孩子。这是为什么呢？当然是由于孩子个性、心理有问题。如，对大孩子有恐惧心理或敬畏心理。

也有心理学家认为，这是由于受到“沟通位差效应”的影响，即小一点的孩子和大孩子之间的沟通没有站在一个平等的角度进行，从而导致大孩子说的话、做的事，小一点的孩子不理解。反之，小孩子想要玩的游戏、说的话大孩子也不理解。而一些大孩子因为不理解小孩子，就会产生不良情绪，如着急、发怒。小孩子就会因此害怕大孩子。

除此之外，还有一些原因让孩子怕大孩子，现具体分析如下。

（1）存在“被接受”的心理。

孩子之间在玩耍时，大孩子往往处在“领导者”的角色上，“指示”年龄小一点的孩子做这做那，或要求他们接受自己的“想法”。对于小一点的孩子来说，这就是“被接受”的心理。有的孩子可以忍受，而有的孩子则以“不和他玩”来进行抗议。

（2）缺少“自信”或有不快的经历。

很多孩子怕大孩子，是因为他们与大孩子在一起时缺少自信。而如果他们曾经被大孩子欺负过，就会记在心里，并因此不想再见大孩子。

## 心理学家支招

心理学家认为，适度的“怕大”是孩子一种正常的心理反应，说明孩子的“大小”意识正在长成，父母不要过于焦急。

3 岁以后，孩子处在心理发育的稳定期，如果“怕大”心理比较严重，就会给孩子未来性格的形成带来很大的负面影响。换句话说，如果你的孩子已经 3 岁多了，看到比他大的孩子就躲藏，父母这时就应该进行一些心理上的干预，引导孩子走出“沟通位差效应”。

具体该如何做呢？

（1）给孩子必要的解释。

“沟通位差效应”影响的最主要表现是：孩子无法理解大孩子的行为。这个时候，父母就应该给予孩子一些必要的解释。比如“哥哥这是在画一个大苹果”“姐姐这是在玩游戏，叫‘跳房子’”“这些小朋友摘野菜是为了喂那只小兔子”等。只有让他们明白大孩子在做些什么，他们才不会感到陌生，才能融入“哥哥姐姐”的行列之中。

（2）引导孩子说出自己的想法。

在被大孩子欺负后，很多孩子没有胆量说出自己的想法。这时，父母应该进行必要的引导，教孩子一些交际技巧。比如告诉孩子：“你可以告诉哥哥你要干什么”“你可以给姐姐提出你的建议”等。孩子胆小很关键的一点是，没有进行良好的引导。

（3）淡化“哥哥姐姐”的意识。

受到“沟通位差效益”影响的孩子，也有可能是从心理上顾忌、排斥大孩子。如果是这种情况，父母就应该淡化“哥哥姐姐”的意识。在和小朋友接触时不要让孩子知道“他是哥哥”、“她是姐姐”。

**他山之石**

母亲姓名：佟妮

职业：工厂质检

儿子姓名：虎子，4岁

我当初之所以给儿子取“虎子”的小名，是希望他能像只小老虎一样什么都不怕，成长为一个小男子汉。可现在虎子已经4岁了，在家倒是一只小老虎，可在外面，特别是在一些比他大一点的小朋友面前，他就成了一只“小猫”。用幼儿园老师的话来说就是，虎子的“怕大”心理很严重。

有一次，我去幼儿园接他，亲眼见到的一幕：

他想要玩皮球，可皮球却被一个大一点的孩子抢先拿走了。老师就鼓励他：“去和哥哥一起玩，好不好?”那小男孩也主动邀请他：“虎子，我们一起来抛球。”可虎子看着他，却摇了摇头。

见旁边的小姑娘手里也有一个皮球，老师就说："那你去和那个小姐姐一起玩吧，好不好？"虎子还是摇头，老师也很无奈。

我以为他害怕那个小男孩，可老师告诉我说："虎子就是不愿意和大一点的孩子玩，只愿意和比自己小的朋友玩。"

回家我就问他："为什么不和哥哥姐姐一起玩？"

他回答我："怕。"

我再问他："你怕什么？哥哥姐姐会欺负你吗？"

"嗯！"他点了点头，不再说话。

意识到这个问题之后，我和虎子爸爸就开始有意识地引导他。去公园的时候，我会带他去和一些小朋友玩。可每次他都摇头，但眼睛却始终盯在小朋友身上，一副"不知道他们在干吗"的样子。这个时候，我就会跟他解释："哥哥姐姐是在过家家""他们在挖坑""他们在地上画小乌龟"等。

当然，有些时候，我的解释是多余的，孩子知道大哥哥大姐姐们在干什么。不过，我并没有因此停下"解释"的脚步。我还听从老师的建议，在遇到小朋友时，一般不会强调"他是小哥哥"、"她是小姐姐"，直接鼓励他参与进去，等他玩熟了再告诉他。这时的他，也就不在乎谁大谁小了。

事实证明，这两个方法都非常管用。不到几个月的工夫，虎子"怕大"的心理得到了很大的缓解。遇到大一些的孩子，他也开始主动要求加入其中了。

# Part 3
# 家有敏感儿

生活中有很多敏感的孩子。他们不愿让别人碰、喜欢看别人的脸色行事，甚至总是担心丢东西、不信任自己的小朋友。从表面上看，这些孩子总是想得比别的孩子多，而且更容易“想多”了。但孩子出现这些情况，往往却是因为他们正处在生长发育的敏感期。对此，父母应该进行必要的了解。

**宝宝敏感度测试**

一旦孩子处在生长发育的敏感期，他们就会像小刺猬一样处处提防，生怕别人伤到自己。仔细观察一下你的孩子，是不是也有类似的情况出现？如果你无法判断，不妨测试一下。

1.你的孩子允许别人碰他的玩具吗？

A.是　　　　B.否

2.他有 3 个以上的小伙伴吗？

A.超过　　　B.不够

3.你的孩子是否有些“后知后觉”？

A.是　　　　B.否

4.你的孩子是否总是有无数个担心？

A.否　　　　B.是

5.你的孩子在和其他小伙伴发生纠纷后，容易记仇吗？

A.不容易　　B.容易

6.你的孩子是否曾经受到过刺激？

A.没有　　　B.有

7.作为父母，你们是敏感型的人吗？

A.不是　　　B.是的

8.你的家庭完整吗？（非单亲家庭）

A.是　　　　B.否

现在，请统计你的选项以及测试结果：

“超级敏感型”宝宝：测试答案中，当 A 项只出现 1～2 次时，就意味着你的孩子很可能正处在生长发育的敏感期。他们对于身边的一些人和事具备一些敏感的反应。这些反应有好有坏，如果父母不进行正确引导，很有可能影响到孩子的性格。

“准敏感型”宝宝：测试答案中，当 A 项出现 3～5 次时，就意味着你的孩子已经开始进入生长发育的敏感期。尽管这种表现不是非常明显，但父母同样要给予一些关注和引导。

“非敏感型”宝宝：测试答案中，当A项出现6～8次时，父母则可以放心，你的孩子暂时还没有出现敏感的反应，他的身心发育比较健康。

## 1. 别人一碰，思思就哭
## ——如何引导秩序敏感期的孩子

思思已经两岁半了。按理说，孩子处在“喜欢玩”“调皮”的阶段，到公园或看见小伙伴应该很高兴才对。可是思思却不愿意和别人一起玩，甚至不愿意让别人碰。不管是邻居，还是小伙伴，只要一碰她，她就会哇哇大哭。

有一天晚上，妈妈带着思思去附近的公园。很多人都在那里跳舞，旁边还有一些三四岁的小孩子在学。思思见他们跳得很好玩，便嚷嚷着也要下去。

这是一个锻炼孩子的好机会，于是妈妈就让思思去和小朋友一起跳。

刚开始，思思玩得很开心，蹦来蹦去的，旁边的人也纷纷称赞。可就在此时，一个小男孩过来，想和思思一起跳。思思妈妈就问思思：“你愿不愿意和小哥哥一起跳啊?”思思看了看那个小男孩，没有说话，继续一个人玩。

小男孩却以为思思答应了，便上来要牵思思的手。这下思思可不干了，哇哇大哭起来。小男孩的妈妈赶忙过来道歉，双方家长都很尴尬。

类似的情况出现了很多次，思思就是不愿意别人碰她。只要有人碰她，哪怕是不经意间碰到的，她都会大哭一阵。

“孩子为何这样呢?”妈妈问同事。因为同事家的宝宝与思思差不多大。

“这是孩子敏感的一种表现，你们家思思可能比较敏感吧!”

"敏感?"

"为什么思思会这么敏感?"思思的妈妈百思不解。

**案例深度解析**

自己玩得很好，别人一碰就哭，如果你家中也有这类的孩子，你肯定会觉得孩子的性格不好。事实上，这是因为孩子的心理过于敏感了。而思思如此敏感，与她正处在生长发育的"秩序敏感期"有关。

几乎每个孩子在2~3岁的时候都要经历"秩序敏感期"，这是心智发育成熟的一个必经阶段。这是孩子正在意识里建立自我秩序的时期，即"秩序敏感期"。

在此期间，孩子对外界的一些秩序、仪式特别注重、在意。如果有谁破坏这些东西，孩子就会哭闹。如一些孩子不许别人碰他的书包、不许别人先于他吃饭、回家必须由他来开门等。如果有人违反了"规矩"，孩子就会像案例中的思思一样，动不动就哭闹。

也有的孩子则表现为看人脸色行事、不愿意和小朋友分享玩具、总是喜欢自己动手做事不要父母帮忙、担心别人说自己的坏话、不相信父母的承诺等。

孩子为何会这样呢？除了"秩序敏感期"的原因之外，还有哪些方面的原因呢？具体分析如下。

(1) 教养态度的影响。

孩子敏感、多疑，除了本身的气质之外，与父母的教养方式也有很大关联。如：有的父母不愿意别人触碰自己的孩子、不喜欢孩子和别的孩子一起游戏、不够信任孩子、说一些话刺激孩子等。父母这些行为，都会给孩子造成负面的影响。

(2) 防范意识过强。

一些父母为了保护孩子，也会经常教育孩子要懂得防范。如果向孩子灌输太多的防范意识，就会让孩子生活在一种不安全、没有信任感的环境之中。久而久之，他们自然也就变得敏感、多疑了。

(3) 过度强化所致。

在遇到事时，很多父母为了不让孩子产生疑惑，就会给孩子一大堆的解释，也不管这些解释孩子能不能听懂。而父母解释得越多，就越容易勾起孩子内心的想象力。当孩子出现发散性想象思维的时候，就很容易“刹不住车”，带进去一些负面思维，从而让孩子产生多疑、敏感的现象。

**心理学家支招**

孩子不愿意让别人碰、胡乱担心、喜欢给周围人制定“规矩”，都是“秩序敏感期”的典型表现。这是孩子心理发育的一个特殊性时期，说明孩子正在意识到这个社会是有“规矩”、有“秩序”的。但个性敏感的孩子往往容易为小事苦恼，进而影响孩子的正常人际交往。因此，父母需要加以积极的引导。

具体该如何引导呢？专家给我们提了以下几种建议。

（1）榜样效应。

如果家有敏感孩子，父母应该多与人交往，而且应该和他人加强肢体上的触碰，比如握手、拥抱、跳舞、牵手等。如果父母给孩子树立了良好的榜样，孩子就会受到一种正面的刺激，进而跟着父母学习。孩子会在潜移默化中改掉一些不良的行为习惯。

（2）“触碰脱敏法”。

要想减少孩子的敏感、多疑心理，最重要的是要给孩子“脱敏”。父母可以有意识地让别人多触碰孩子，纠正孩子为了防卫而打人的做法。如果孩子在被触碰了之后想去洗手洗脸，父母也要进行制止。只有让孩子慢慢熟悉这种触碰，敏感、多疑的心理才会减弱。

（3）“应酬脱敏法”。

孩子产生多疑、敏感的心理，还有一个常见的原因：和外界接触少。对新的环境认识、融入不够。父母可以多带孩子参加一些应酬，让孩子处在人多的环境中，接触更多的人。这样不仅能让孩子放下防卫、走出狭隘、增长见识，还能锻炼和培养孩子的自信心。

**他山之石**

母亲姓名：林梅

职业：企业秘书

女儿姓名：童童，4岁

女儿童童平时特别敏感，根本不让别人碰她。带她出去的时候，周围邻居总是喜欢拉拉她的手、摸摸她的脸。可每次遇到这种情况，童童就会哭闹不止，吵着闹着要回家。即便在路上被陌生人碰了一下，也会闹上半天。

我很烦恼，一直在寻找童童这么敏感的原因。直到有一天，我问童童："为什么你不让别人碰你呢？"

那天童童心情不错，很快给了我回答："他们碰了我，我就会生病！"

碰了就会生病，为什么童童会这么想？

原来，我曾听老人说，常常让别人摸孩子的脸蛋会引发湿疹。于是就从那天开始，我一看到邻居就远远躲开，就算撞上了，也会对邻居们摸孩子脸蛋的行为加以制止。记得有一次童童问我："妈妈，为什么你不让王阿姨亲我？"我想都没想就告诉她："被别人摸了就会有细菌，会生病，童童要打针吃药的。"

明白原因之后，我开始对童童进行引导。我先对她进行了解释："那次妈妈说得不对，并不是所有的人摸了你之后都会生病。妈妈是指那些手不干净的人。那天王阿姨手上拎着垃圾，所以妈妈没让她摸你。"

听了我的解释，童童没有说话。后来再带她出去，情况稍微好了一点，不过她表现得还是很敏感。为了彻底解决童童的问题，我决定以身作则，给童童树立榜样。去公园玩的时候，我会在童童面前和其他的人一起跳舞、会和熟悉的人手拉着手说话、会去逗逗别的小孩……童童开始显得非常不可思议，但过了些日子就习以为常了。

为了巩固成果，我还带她去参加一些活动，去一些人多的地方。慢慢地，我发现童童不让别人碰她的习惯已经消失，现在她已经越来越大方了。

## 2. 彬彬总是看人脸色行事
## ——合理引导情绪敏感宝宝

彬彬的妈妈早就听人说过，现在的孩子都很鬼，小小年纪就懂得察言观色、看大人脸色行事了。彬彬的妈妈觉得不可思议，认为这些人是在炫耀自己的孩子“聪明”，所以也就没把这件事放在心上。

可不久，妈妈却惊讶地发现，才4岁的彬彬也会看大人的脸色行事了。

彬彬的妈妈很喜欢看电视剧《宫》，那天吃了晚饭，早早地坐在电视机前。就在这时，彬彬跑了过来，拿起遥控器把台调到了《喜羊羊和灰太狼》。看到彬彬一脸兴奋的样子，妈妈知道今天的电视剧又没希望了，只好到卫生间洗衣服。

过了5分钟，彬彬却跑了过来，对妈妈说：“妈妈，你别生气了。我已经把你要看的电视剧调回来了。我不看灰太狼了，其实那个一点都不好看。”

“我没生气啊，你去看吧。”妈妈有些莫名其妙，彬彬怎么说自己生气了呢？

“妈妈，你去看吧！以后我不随便给你换台了，你不生气了，好不好？”彬彬的话中带着哭腔。

“我说了，我没有生气。”妈妈更加不可思议了。

“那你就给我笑一个。”彬彬要求妈妈。

“为什么啊？”彬彬妈很无奈。

“你就笑一个，就笑一下，说明你没生气。”彬彬都快哭了。

“我不笑，你去看电视吧，我洗衣服了。”妈妈没有答理他，低下头洗衣服。而彬彬就开始大哭起来。

妈妈很郁闷，好不容易才把她哄好，但她也很奇怪，为什么孩子这么敏感，还学会看人脸色行事了？

**案例深度解析**

彬彬要看动画片，并把妈妈喜欢看的电视剧给调没了。妈妈一句话都没有说，而彬彬却认为妈妈生气了，开始极力“讨好”妈妈。

彬彬为何这样做呢？当然是因为过于敏感了，以至于要看大人的脸色来行事，甚至想着去讨好别人。从心理学角度来分析，敏感与攻击性、害羞、爱交际一样，都是孩子与生俱来的心理特征。而3岁左右的孩子，这种特征更加明显。但不同的孩子，所敏感的东西不太一样。比如有的孩子对别人说话敏感，有的孩子对光线敏感，有的孩子对触摸敏感，有的孩子对环境变化敏感，还有些孩子对他人的行为敏感。

孩子为何敏感呢？心理学家认为，这些孩子之所以会出现这些敏感的反应，有一个很重要的原因：孩子的“自我意识”还没有完全建立，还没有属于自己的价值标准。因此，对于到底什么是好的，什么是不好的，就需要依赖成人来获得判断。即便是几个月大的婴儿，也会通过成人的态度来判断周围的环境。

除此之外，还有什么原因可能导致孩子过于敏感，看人脸色行事呢？

（1）与个性有关。

如果孩子比较胆小、怯懦，往往不敢按自己的意愿行事。特别是在一个相对陌生的环境下，这种情况更是明显。比如，有的孩子在小朋友家不敢随便吃零食，需要父母点头后才敢吃。这就是孩子内心怯懦的表现，而这类孩子通常习惯看他人的脸色行事。

（2）父母行事比较情绪化。

孩子过于敏感，喜欢看大人的脸色行事，也与父母比较情绪化有关。因为情绪化的父母高兴时对孩子好，不高兴时就打骂孩子，这让孩子对安全的把握度很低，甚至常常担心自己是否能获得父母的爱，因而对父母的情绪特别敏感。如果父母心情好，他会有很多要求，而如果父母心情不好，他就会“变乖”，以免受到惩罚。

（3）习惯效应。

有的父母在孩子有自己的想法时总给予否定，并要求孩子按照父母的想法进行。当孩子的想法一而再、再而三地遭到否定，他们就会产生一种习惯，遇到问题不是自己去想办法，而是征求父母的意见，看父母的脸色行事。

（4）冷漠效应

在日常生活中，如果父母对孩子比较冷漠，很少关心孩子，就会导致孩子变得敏感多疑。比如，在孩子遇到困难时，父母没有给予同情和鼓励，孩子的内心就会产生孤独感，甚至有的孩子会偷偷哭泣、埋怨自己。

**心理学家支招**

你的孩子是否和案例中的彬彬一样善于察言观色，喜欢看大人的脸色行事？如果你有这样的孩子，就要注意，因为你的孩子太敏感了。

通常，察言观色的敏感可以分为两种情况：天性的敏锐和环境压抑所致。

因为天性的敏锐和对外在世界的强烈兴趣而产生的“看人脸色行事”并不可怕，但如果是环境压抑所致，必然会给孩子的健康成长带来一定的负面影响。

判断一个孩子的察言观色是天性还是由于环境的压抑所致，要全面观察孩子的情绪状态。如果孩子患得患失、紧张焦虑、情绪大起大落，父母就应该反思一下自己的教育方式了。因为，孩子出现这样的情况，说明他已经十分敏感了。如果再不进行相应的引导，后果将十分严重。

那么，父母应该如何引导呢？可以参考以下妙方，对症下药。

（1）“温情效应”脱敏法。

心理学家认为，鼓励、同情会产生温情效应，会给孩子的内心带去温暖，从而化解他的敏感和多疑。如果孩子比较敏感，父母可以多关心孩子。如：“你自己把背心脱下来，真了不起。”“让我们看看衣服上的小狗，如果我们把它调到前面来，就更好了。”孩子没有达到大人的希望，但他只要尽力了，就别批评他。假如孩子骄傲地告诉父母“我自己洗手了”，父母不要急于指责他“把水洒得到处都是”，而应该先鼓励他自己洗手是件好事，然后再帮他把水擦掉。

（2）激励效应。

通常，缺乏自尊心的孩子比一般的孩子更容易敏感，对周遭的环境也更难以适应。因此，如果家有敏感孩子，就要设法提高孩子的自信和自尊。而使用激励效应，就可让孩子善于自我认可，产生成就感。无论让孩子做任何事，一定要注意，开始时，不应该对孩子期望过高，如孩子现在数学考60分，你偏要他老考100分。一旦孩子获得了什么成就，如，考了65分，一定要鼓励孩子加油，用激励效应引导孩子。

（3）淡化法。

孩子如果比较敏感，就容易被大人的焦虑、紧张、愤怒、忧郁等情感所影响。因而，当敏感的孩子做错事，如果不是原则上的错误，父母尽量不要太在意，要装得很轻松，这样就会淡化孩子的反应，否则孩子就会不断地猜想，加重内心的敏感。

**他山之石**

母亲姓名：刘敏

职业：超市老板

女儿姓名：琪琪，3岁半

我经营了一家小超市，琪琪平常就跟着我在超市里吃喝拉撒。3岁前，她还是个非常乖巧的小姑娘，既有调皮淘气的一面，又有天真单纯的一面。可几个月前，我发现琪琪不再那么“单纯”了，因为她已经懂得看大人脸色行事了。

那天，超市里来了一个顾客，说要买一瓶二锅头。当时我正在验货，抽不开身，于是就叫琪琪帮忙。

“琪琪，帮妈妈给叔叔拿一瓶酒，就是绿色瓶子的那种。”我嘴动了动，示意了她，让琪琪知道该拿哪一瓶。琪琪平时就很喜欢帮我干活，听到我在“求助”她，一蹦一跳地就去拿了。可她一不小心却把酒瓶掉在了地上，酒洒了一地。

“琪琪，别动，小心扎手。”我顾不上验货，开始回来收拾“残局”。最后，那位顾客觉得不好意思，竟然付了两瓶酒的钱。

但从始至终，我都没有责备过琪琪一句，因为知道一瓶二锅头对她来说也许有点重，失手也可以理解。可琪琪似乎不这么认为，总觉得自己犯大错了。在我继续验货的时候，她一直眼巴巴地看着我，似乎想要取得我的原谅。

见我没有说话，琪琪就从厨房拿来了我爱吃的西红柿，想要“献殷勤”，被我拒绝之后，又给我拿来了毛巾，想要给我擦汗……

总之，整整一天，琪琪都在“讨好”我，直到我对她笑了之后，她才“如释重负”，一个人回到房间去看电视。

在我意识到琪琪这是在“看我脸色行事”之后，我觉得这并不是件好事，就想改变她。可是到底该怎么改变呢？我开始向周围的父母们请教。有一个妈妈让我多给孩子一些关注和理解。想想也是，可能正是因为那天我没有对她说一声“没关系”，才让她变得敏感，开始极力讨好我的。

想清楚了这一点之后，我就开始行动。在她做错事情之后，我开始关心她。比如，她的题目做错了，我会跟她讲解，而不是简单粗暴地责备她“笨”；她在换衣服之后没有及时把脏衣服扔进洗衣机，我会温柔地提醒她……渐渐地，我发现，琪琪讨好我的现象已经越来越少了，犯的错误也越来越少了。

现在的琪琪给人一种“懂事的大姑娘”的感觉，不再是一副“受气的小媳妇”的样子了。

## 3. 闹闹总担心门没关好
## ——怎样引导杞人忧天型孩子

那天晚上，新闻里报道了一则入室抢劫案。受害人因为手无寸铁，被歹徒刺了几刀。当时看到这个新闻的时候，我和闹闹爸爸就议论了几句，说现在有些地方治安情况很不好，没想到正是这些话，让当时在一旁的闹闹变成了一个“杞人忧天”的孩子，尤其担心自己家的门没关好，小偷会进家里偷东西。

那天早上，我和闹闹爸爸带闹闹去游乐园玩，出门不到十分钟，闹闹就开始担心家门没关好，于是就开始问我：“妈妈，我们家的门关好了吗?”

“关好了啊，爸爸锁的门，你忘记了吗?”我对他说道。

“不行，我不记得了，我们回家看看吧。”闹闹要求道。我们不愿意回去，闹闹就哭。我和闹闹爸爸只好带他回家。见门锁得好好的，他才放下心来，跟我们去游乐园。

到游乐园没多长时间，闹闹又开始担心了：“妈妈，我们家的门是不是没有锁好啊?”

“锁好了啊，我们不是回去检查过了吗?”我有点奇怪，他怎么又提这个问题。

“我们只是回去看了看，并没有把钥匙放进去开一下，是不是？说不定我们家的门只是关上了而已，没有插上保险。姥姥说了，门关了要插保险的，不然小偷会溜进去。”

“那等我们玩得差不多了再回去看，好不好？”对于闹闹的担心，我很无语，但又不能表现出来，只希望能够转移他的注意力。

“不行，还是现在回去吧，不然小偷都把我们家的东西偷光了。”闹闹强烈要求我们回去，在我们拒绝之后，就又开始哭，一边哭一边说：“我们家的门没有锁好”“小偷进我们家了。”无奈之下，只好带他回家。

为什么闹闹会这么“杞人忧天”呢？

**案例深度解析**

门已锁好，并再三检查，闹闹还是担心小偷会进自己的家偷东西。这种表现是典型的“杞人忧天”式敏感。

“杞人忧天”式敏感的孩子很容易出现焦虑、恐慌和紧张的情绪，总是因猜测到最坏的事即将发生而坐卧不宁、缺乏安全感、提心吊胆、心烦意乱。他们会对原本感兴趣的事物也失去兴趣，就像闹闹因为担心家门没有锁好而对游乐园失去兴趣一样。

如果孩子敏感情况比较严重，还会产生恐惧情绪，甚至入睡困难、做噩梦。还有可能出现下意识或无意识地重复做某件事，强迫自己去接受自己脑子中的想法等。

孩子为何有“杞人忧天”式敏感呢？因为他们自我意识缺乏，遇到问题不会思考，只通过一些记忆进行“嫁接”。比如案例中的闹闹，总是习惯性地把电视新闻中的场景嫁接到自己身上，所以产生了“门没关好”的情况。

除此之外，孩子有“杞人忧天”式敏感，主要是由于以下原因所致。

（1）负面环境的效应。

“杞人忧天”式敏感多发生在3岁以后的孩子身上。孩子之所以敏感。与其经常看一些相关的影视有关，如，孩子看电影《2012》，就会下意识地把自己当成里面的人物，产生巨大的心理压力，因此导致了“杞人忧天”的心理。

（2）想象与现实难以分清。

孩子3岁之后，开始慢慢懂事，想象思维也开始发育，经常会有天方夜谭的想法。比如“小狗会不会把家里的门咬坏”“小猫会不会溜进冰箱把肉吃完”“老虎会不会从动物园跑出来进我们家”等。孩子想象出来的事发生概率基本为零，但孩子却无法将想象与现实分开，甚至认为想象就是现实，因而产生压力。

(3) 圈养效应。

现代社会独生子女较多，家庭给予孩子的呵护太多，做不到放养。而有的家庭，父亲“放养”，母亲“圈养”。“一圈一放”之间，就容易让孩子处在“模糊”的意识之下，不知道该如何处理。这也是导致孩子“杞人忧天”式敏感性格的重要原因之一。

**心理学家支招**

敏感有多种表现，而“杞人忧天”式敏感的孩子，会过于忧虑，总是担心一些意外或不幸的事发生，如，会不会突然地震把房子震塌了、警察会不会抓错人把自己给抓进去了等。

通常，孩子适当“担心”是一种心理健康的标志。因为适当的担心既能提高孩子的“警觉”意识，避免受到不必要的伤害，又能锻炼孩子的“心智”，提高他们的逻辑思维能力。

但如果孩子因过度担心产生很大的压力，甚至影响生活，父母就要进行必要的引导了。如何进行引导呢？下面的方法或许能帮到你。

(1) 用简洁明了的语言帮孩子。

一些孩子之所以过于想象，是由于在担心时父母没有进行解释，或解释得模糊，没让孩子听懂，而这种模糊的意识反而加剧了孩子的想象。因此，父母要耐心向孩子讲解。孩子听清了父母的解释，自然就不会再胡思乱想了，杞人忧天的情况就会缓解。

(2) 设法提高孩子的辨别能力。

父母在发现孩子担心“会不会突然地震把房子震塌了”时，应该直接告诉孩子，这种可能性极小，同时还要提高孩子的辨别能力。比如，找两张相似的图，让孩子找不同点，把不同点说出来或指出来。让孩子关注细节，就可培养他们仔细观察、仔细比较的能力。

（3）激励效应。

平时，父母不要让孩子待在家里，要鼓励孩子出去玩，多与小朋友玩。因为孩子心情一好，就不会胡思乱想了。

**他山之石**

母亲姓名：陈凯敏

职业：医院护士长

儿子：天天，5岁

我儿子天天5周岁，和其他大大咧咧的男孩子不同，他属于敏感型。尽管年纪小，却心事重重，经常杞人忧天，担心一些不必要担心的问题，这让我们一家人很头疼。

五一劳动节之前，幼儿园老师要求孩子9：00之前到校，而五一之后则要求8：30到校。以前天天一直8：45左右到，现在时间改了之后，我们就叮嘱他早上要早点儿起床，不然就要迟到。

5月4日早上7点半，我们把他叫醒。没想到他醒来看了钟，就开始咧嘴哭。

"为什么哭？哪不舒服？"

"我怕迟到！"

"只要你动作快一点，就不会迟到。"

可他还是在哭，早饭也没好好吃。到了幼儿园没迟到才停止哭泣。

最让我们头痛的是，他经常为担心迟到哭泣。

"孩子这是怎么了？怎么办？"

我咨询了儿科专家才明白，天天属于"杞人忧天"式敏感。要想克服这种敏感，就一定要把孩子担心的事情给孩子解释明白。比如早上起床的时候，不要简单地告诉孩子不会迟到，而是要告诉孩子为什么不会迟到。

一天，天天又开始担心迟到了。我就对他说："儿子，妈妈肯定你不会迟到，如果你不信，我现在就把你的时间分配一下。你洗脸刷牙，5分钟够了吗？"

天天看了看我，点了点头。

“吃早饭，20 分钟够了吗?”天天又点了点头。

“从家里到幼儿园，20 分钟够了吗?”天天想了想，又点了点头。

“那么，现在我们花了多少时间了？总共 45 分钟，可是现在离迟到还有一小时，这说明你还能早到幼儿园 15 分钟，你还害怕什么呢?”

在我的解释下，天天竟然没有哭闹。看来，这个方法真管用。后来，再遇到类似问题，我还是用这种“彻底解释”的方法让他远离“杞人忧天”式敏感。半年之后，天天再也不是那个“杞人忧天”的小男孩了。

## 4. 疑神疑鬼的晴晴
## ——孩子太警觉，父母怎样引导？

晴晴很喜欢玩“竹蜻蜓”，两片叶子一根柄、放在手上一搓就会往上飞。因为家里高度有限，妈妈就带晴晴到附近的公园里玩。妈妈希望通过这个游戏，能提高孩子交际能力，所以，妈妈每次都鼓励晴晴邀请小朋友一起玩。

可晴晴却不愿和别人分享，也不喜欢别人碰她的“竹蜻蜓”。只要别人一碰，她就会哇哇大哭。刚开始妈妈还觉得可能是晴晴太自私，喜欢一个人玩。可经过了那次“抢玩具”事件后，才发现事情根本没那么简单。

那天，晴晴妈照例带晴晴去公园玩“竹蜻蜓”。晴晴却把“竹蜻蜓”卡在了树上。妈妈以为晴晴肯定会哭，可晴晴非常冷静，开始指挥妈妈去拿棍子“营救”自己的玩具。

就在晴晴妈准备拿棍子的时候，旁边一个打羽毛球的小伙子主动跑了过来，对她说：“小朋友，我帮你拿下来好不好?”可晴晴听了却大哭起来。最后，那小伙子把玩具弄下来还给晴晴，晴晴才停止了哭泣。

这孩子是怎么了？刚才还好好的，怎么哭了？

回到家，晴晴妈越想越不对劲，就问晴晴：“为什么那个叔叔帮你拿玩具的时候，你要哭啊?”

“他不是在帮我拿玩具，而是要玩我的玩具。”晴晴想了一会儿，又说，“他不是要玩我的玩具，是要抢走我的玩具。”说完，晴晴跑进自己的房间，把“竹蜻蜓”紧紧抱在怀里，生怕那个叔叔出现把它抢走。

“这孩子，别人好心帮忙，你却觉得别人有企图心，真是一个小白眼狼。”晴晴妈心里想道。

晴晴真是一个“白眼狼”吗？

## 案例深度解析

别人好心好意帮助，晴晴却认定别人“别有用心”，这是孩子对周遭“过于警觉”的一种心理反应，或者说是因为孩子防范意识过重。

通常，防范意识过重的孩子比较内向，心理负担重，不愿信任别人，很难找到知心的小伙伴。这既不利于孩子身心的健康，又影响孩子的交际能力的发展。因而，如果家有这样的孩子，父母就要多加注意了。

孩子为什么防范意识过重呢？究其原因，乃是孩子“权属意识”的觉醒。心理学家研究发现，90%的孩子在5个月之后就已经有了明显的“权属意识”，即知道哪个玩具是自己的，哪个玩具是别人的。如果有人拿走了自己的玩具，就会以哭闹、纠缠的方式表示抗议。孩子3岁之后，这种“权属意识”进一步加强，总是高度警惕别人侵犯自己的权益。如，当他人对自己的玩具感兴趣时，就会抱紧玩具，远离他，甚至“冤枉好人”。就像案例中的晴晴一样。

造成孩子“过度警觉”的原因只有“权属意识”过强吗？当然还有其他原因，具体分析如下。

（1）负面模仿效应。

在日常生活中，如果父母之间猜忌重重，总是不够信任对方，并把这种猜忌表现出来，孩子就会受到负面影响，并进行模仿。时间长了，孩子必然会猜忌别人，特别是离开父母，独自与他人相处时。

（2）父母教养方式不当。

为了避免孩子受到伤害，一些父母开始教育孩子，要他提高警觉意识，如，不要与陌生人说话。毫无疑问，这样的教育是有必要的，只是很多父母没有把握好“度”，没有明确地告诉孩子何时应该接受他人的帮助，何时要拒绝他人的靠近。这种过度、模糊的教育很容易让孩子产生“一刀切”的思想，认为主动靠近自己的人都不是好人。

（3）“创伤延续”效应。

或许在孩子的成长过程中，曾经遭受过类似的心理创伤，比如有人借帮助孩子的名义抢夺孩子的玩具。而再次遇到类似情况时，孩子就会把这种创伤的记忆延续下来，嫁接到眼前的这个人身上，产生警惕性的行为。

**心理学家支招**

孩子有防范意识，是一件好事，可如果防范意识过重，就会影响孩子的社会交际能力的发展。要知道，婴幼儿时期正是孩子社会交际能力发展的关键时期。此时，父母如果过度强调社会的黑暗性，无限度提高孩子的警觉意识，就会使得孩子过度警觉。如，父母老是对孩子说“如果他没有企图为什么要帮助我啊”“他肯定不是个傻瓜，不会无缘无故帮助我”“我的玩具这么好，他肯定喜欢上了，想要抢走”等。时间长了，别人是坏人的意识就会在很多孩子的脑子中生根发芽。

孩子需要健康成长，需要更多的心理阳光。父母在向孩子灌输防范意识的同时，应该告诉孩子，世界上有好人与坏人之分，而且还要让孩子知道这个社会还是好人多。否则总是冤枉好人，会让孩子的心理越来越阴暗，影响他身心的健康发育和社会交际能力的发展。

当你发现孩子已经有这种苗头的时候，应该加以控制和引导，保障孩子的心理健康。下面的几种方法可以酌情使用。

（1）积极环境效应。

如果你认为孩子生活在一种猜忌的环境氛围下，你就应该努力改变这种状况，给孩子创造一个积极的环境效应。和家人坦诚交流、有一说一，远比无尽的猜测和“别有用心”地询问好得多。这样才有利于孩子内心的正确的判断体系建立。

（2）提高孩子观察人的能力。

父母要告诉孩子，这个世界有好人有坏人，并教孩子如何区分好人和坏人，如何通过别人言行举止来辨别他人的意图是好是坏。与其帮着孩子辨别，不如教孩子自己辨别。授人以鱼不如授人以渔的道理在这里同样适用。还要告诉孩子不要轻易接受别人，特别是陌生人的小恩小惠。但如果父母在场，就不要怕。

（3）爱抚效应。

孩子因为之前受过类似的伤害而产生了过度警觉的心理，这是可以理解的。不过，父母不能听之任之，让这种心理继续蔓延下去，要进行及时的“安慰止痛”。如，孩子情绪失落时，抚摸孩子的肩膀，并告诉孩子：“那个伤害你的人并不能代表所有的人。”“那个小朋友抢你的玩具，并不代表所有的小朋友都会抢你的玩具。”只要孩子能够意识到人与人之间是有区别的，就意味着你已经成功了一半。

**他山之石**

父亲姓名：陈焘

职业：饭店厨师

儿子姓名：可可，4 岁

儿子可可4周岁，非常聪明可爱，同事都非常喜欢和他玩，有这样一个人见人爱的孩子，我的内心充满了自豪。

可最近我发现，可可没以前那么爱笑、爱和别人玩了，而且明显地对别人有戒心。别人明明想要抱他或者帮助他，他却觉得别人是要伤害他。

为什么会出现这种情况呢？我咨询了儿童心理医生。心理医生问我：“孩子是不是曾经被‘欺骗’？”在医生的提醒下，我想起了一件事情。

那天在饭店里，可可很想吃一道菜，可是菜很烫。这时，负责配菜的同事小王说：“可可，叔叔帮你盛一碗先晾着好不好？”

可可高兴地点了点头。可小王盛了之后却没有端给他，而是放到了比较高的地方，故意让可可够不着。服务员小张也“趁火打劫”，把剩下的大碗也端走了……

他们只是要逗可可玩，并不是不让他吃。但可可不懂啊，就不干了，一直哭闹。可能也正是这一次，让他体会到了“欺骗”的感觉，所以产生了过度警觉的敏感心理。

心理医生告诉我：“要想改变孩子的这种心理，最重要的是要给予孩子安慰，告诉他如何辨别哪些是坏人，哪些是好人。什么情况下别人是和他闹着玩，什么情况下是真的要抢他的东西。”

后来，我就告诉可可，上次小王叔叔和小张阿姨把菜端走是跟他闹着玩的，而不是真的不让他吃，他们之所以跟你玩，是喜欢你。

可可对我的话有点不理解："他们喜欢我，为什么还不让我吃？"

"他们是在跟你闹着玩啊。就像你和邻居小弟弟闹着玩，把他的玩具藏起来一样。"

可可想了很长时间，终于点了点头。后来，我又利用看电视、读儿童书的机会，向他灌输"好人""坏人"的概念，告诉他该如何区分。现在可可已经走出了过度警觉的阴影，能够和别人和谐地相处了。

我那个聪明、可爱、爱笑的可可又回来了。

## 5. 娇娇总担心他人说坏话
## ——如何对待猜疑型宝宝

娇娇是个人见人爱的小姑娘，尽管只有3岁大，但已经很懂事了，平时还会帮妈妈做些力所能及的事。爸爸说不买的玩具她也不吵着要，妈妈说不能多吃的零食她坚决不多吃，甚至在爸爸妈妈吵架的时候，她还会安慰妈妈。

在别人的眼里，娇娇的父母应该非常幸福了，可是娇娇的父母却知道，娇娇的听话很可能是对周遭事务“过于敏感”的一种表现，因为她总是担心他人说她的坏话。为了不让别人说她坏话，她就努力扮演一个“乖孩子”的角色。

如果周围的人说话大声一点，娇娇就会觉得他们是在生自己的气，或觉得自己有什么地方做得不好、不应该影响别人；如果周围人都笑了，她就会觉得别人在笑她，尽管不会当众哭出来，但情绪明显会受到影响，甚至整天都会闷闷不乐。

记得有一次在超市，旁边两个人不知道在说什么，咯咯笑个不停。正好那会儿娇娇和父母经过那里，当时娇娇的眼神就不对了，觉得那两个人是在笑话她。

“妈妈，是不是我穿的衣服不好看?”

“不是!”

……

“妈妈，我要回家!”娇娇很快就吵着要回家。从那天以后，她竟不太愿意去超市了。而且似乎对别人说话的声音大小、笑声更加敏感了。遇到这种情况，她就想着回家，钻进自己的小卧室不出来。

为什么娇娇这么小，就这么多疑呢？

**案例深度解析**

人见人爱、平常很懂事的娇娇却总是担心别人说她坏话，以至于不愿和别人接触、不愿外出、不愿和小朋友交往。

娇娇为什么会这样呢？事实上，这是娇娇“疑神疑鬼”心理的外在表现。“疑神疑鬼”型敏感的孩子会经常莫名其妙地怀疑他人。比如怀疑别人在说自己的坏话、怀疑有人偷自己的玩具、怀疑爸爸妈妈偷吃好吃的、怀疑邻居的猫叼走了自己的玩具熊……

心理学家研究发现，80%的孩子3岁之后都会经历一段“疑神疑鬼”时期，这段时期的时间长短不一，有的持续6～12个月，有的持续则更长，甚至到了5～6岁还会有“疑神疑鬼”的情况出现。

孩子为什么会出现这种情况呢？这和孩子“心理认知”的发育有关。孩子从一出生，就处在对世界认知的过程当中，随着时间的推移，认知越来越多，也就是俗话说的孩子越来越懂事。当孩子处在“不懂事”和“懂事”之间的某个阶段时，怀疑成分就占了上风。因为对眼前的事了解得模棱两可，孩子用已有的认知进行解释，自然就会疑神疑鬼。

那么，除了“心理认知”的原因之外，还有哪些原因也容易导致孩子疑神疑鬼呢？

（1）过分溺爱所致。

父母溺爱孩子，不仅会让孩子养成一些不好的习惯，还会影响孩子心理健康的发育，造成孩子固执、任性、多疑的性格出现。比如，一些孩子在家一帆风顺、恃宠而骄，在外却没有一样的待遇，自然难以承受与人交往中不能满足自己心意的人和事，从而对周围人产生怀疑，总担心别人会伤害自己。

（2）“邻人偷斧”效应。

猜疑一般总是从某一假想目标开始，最后又回到假想目标，就像一个圆圈一样，越画越粗，越画越圆。比如，孩子刚开始怀疑周围人在说自己的坏话，他越仔细去听，就越觉得自己的判断是正确的。这和“邻人偷斧”故事的内涵是一样的。现实生活中，猜疑心理的产生和发展几乎都和这种主宰了正常思维的封闭思路密切相关。

（3）挫折效应的扩散。

有些孩子在交往中受过挫折，比如把悄悄话告诉最好的朋友，可好朋友却告诉了他人，并以此为笑柄。此后，孩子就不再相信任何小朋友了。这往往也是“疑神疑鬼”的心理来源。

（4）缺少沟通与交流。

孩子之所以认为别人在说自己的坏话，其中一个重要原因是孩子与他人之间缺少交流与沟通，如一些父母工作忙，很少陪孩子聊天，就会让孩子怀疑妈妈不爱自己了。同理，孩子与他人之间缺少交流，自然会对别人产生误会。

**心理学家支招**

孩子婴幼儿时期，由于认知能力有限，或受父母不良性格影响，就会产生“疑神疑鬼”型敏感。有这种心理的孩子，除了像娇娇那样总担心别人说她坏话，还有遇事总往坏处想的心理，如担心父母不要自己、担心迟到、担心老师责骂自己、小朋友孤立自己等。时间长了，易让自己与周围的人际关系变得紧张。

此外，“疑神疑鬼”型敏感的孩子还会情绪不良。心理学家研究发现，当孩子处在“疑神疑鬼”状态下时，内心的紧张程度往往是平常的5～10倍，3岁以后的孩子这种紧张的心理会更明显，甚至产生哭闹、退缩、害怕、躲避等行为。可见，家有“疑神疑鬼”型敏感的孩子，父母一定要多加关注，并正确引导，否则就会影响孩子心理的健康发育。

父母应从哪些方面入手帮孩子远离“疑神疑鬼”型敏感呢？下面这些引导的方法或许能够帮到你。

（1）“平等交流”脱敏法。

平时，父母和孩子应该多交流。与孩子聊天时，不要用命令式的语言，要多用征求或请求的语言与孩子平等地交流。如，周末去哪儿玩，可以征求孩子的意见。相信时间长了，孩子多疑的情况会有所好转。

（2）引导思考法。

多疑，就像一个低洼之处淤积的水，如果不及时排出去，很可能变成死水、臭水。因此，如果家有“疑神疑鬼”型敏感的孩子，父母可以通过引导思考的办法来“排水”。如，孩子怀疑小朋友不喜欢他时，父母可这样引导孩子：“为什么小朋友不喜欢我?”“为什么他们不愿和我一起玩?”“当我做了什么，别人会显得很高兴?”从而帮助孩子学会换位思考，宽容他人。

（3）友爱体验法。

如果你的孩子多疑是因为曾经受到过伤害，就可以用“友爱体验法”来达到引导的目的，即父母可以主动邀请同年龄的孩子共同外出游玩、参观，让孩子体验同伴间互相友爱的乐趣。用这种正面的心理暗示来冲淡挫折的负面效应，让孩子明白，并不是所有的朋友都是骗子。时间长了，孩子疑神疑鬼的心理就会改变。

**他山之石**

父亲姓名：万实

职业：网络工程师

儿子姓名：诺诺，4岁半

儿子诺诺已经4岁半了，平时就像一个害羞、多疑的小姑娘，十分敏感。别人只要说一句话，他就会怀疑是在说他坏话。

记得有一次，单位几个同事一起聚餐，大家都带爱人和孩子参加，我也带着诺诺和他妈妈来了。

聚餐时，大家很开心，气氛也很融洽，几个孩子更是玩得不亦乐乎。可我家诺诺却躲在我的背后，不愿意加入进去。

我和诺诺妈妈都鼓励他和小朋友一起玩，但见他一直摇头，我们就不再强求，自顾自地去聊天了。

不一会儿，有人说了一句“现在的孩子都不愿意和别人交往”。诺诺听到之后，马上就哇哇大哭起来。有个大一点的孩子，看到诺诺在哭，便主动跑过来，把玩具让给他玩。他不但没接，还把玩具摔烂了……

这可把同事的孩子吓坏了，一个劲地向后退。

“小强，伤着你没有，哎，真不好意思!”我忙向同事的孩子道歉。

“你家孩子是不是敏感、多疑?”有同事问我。

“多疑，这么小的孩子?”

“婴儿也会多疑呢。你们要和他平等交流，遇到事情要多和他商量；多疑的孩子内心都比较紧张，特别是在陌生环境下。所以，你们今后再带他来这种场合，要提前告诉他一些注意事宜。”

“下次我们试试，看管不管用!”

此后，我们再带诺诺出去，会事先实施“脱敏计划”，告诉他有哪些叔叔阿姨，有哪些小朋友，让他做好心理准备。刚开始诺诺不太习惯，甚至还多疑地以为我们在耍花招，几个月过去之后，诺诺的多疑心理就有了明显的改善，他已经慢慢变得大方、开朗起来，很少疑神疑鬼了。

我和诺诺妈妈别提多高兴了!

## 6. 小小受到刺激后多疑
## ——如何帮助刺激型多疑的孩子

小小今年5周岁，是个品学兼优、性格开朗的女孩，非常招人喜欢。可不久前发生的一件事，却让小小受到了刺激，从此便与之前判若两人。

事情是这样的：那天，小小的妈妈发现抽屉里的工资少了50元，找了好几遍都没有找到。

50元怎么会不翼而飞呢？妈妈心想："在将工资搁进抽屉时，只有小小一个人在家，并没有别人进来过，难不成是小小……"想到这里，便对小小进行了审问。女儿却矢口否认。一气之下，妈妈便打了小小一顿，还骂小小"三只手""家贼难防"。

这时爸爸回来了。

"小小并不缺零花钱，为什么要偷窃呢？"爸爸觉得不对，就又去找，很快便找到了那50元。原来，抽屉里东西装得太满，那50元被挤到下面的衣柜里去了。

从那以后，小小就变得多疑，一见妈妈就心慌，像小偷碰上了警察一样，恨不得躲得远远的。

### 案例深度解析

原本活泼开朗的小小，在遭到妈妈的冤枉之后开始变得沉默多疑，不愿意和别人交往，总怀疑别人把她当成小偷来看待。小小的这种情形属于典型的"刺激型"多疑心理。

有这种心理的孩子，表现是不一样的：有的哭闹，有的沉默，有的不愿回家、有的不愿出门。

为什么遇到刺激之后有的孩子变得多疑呢？

事实上，“刺激型”多疑多发生在性格敏感的孩子身上，通常，同样受到刺激，敏感的孩子可能会牢记这些刺激，而不敏感的孩子事情过了也就忘了。

3岁之前的孩子和3岁之后的孩子表现也不一样。3岁之前可能对这些刺激不够敏感，3岁之后却会异常敏感，因为3~4岁正是孩子的敏感期。

除了孩子本身的性格之外，“刺激型”多疑还受到以下两种因素的影响。

（1）面子效应。

每个人都是要面子的，即便孩子也是如此。当他受到刺激时，也会觉得丢面子。有的孩子会因此不再愿意看到刺激他的人，有的孩子则不愿意见到熟悉他的人，就怕别人旧事重提，让他再受一次刺激。当孩子处在这种躲避、不信任的氛围之下时，多疑的心理就难以避免了。

（2）“联想记忆”效应。

“联想记忆”是指，当孩子处在和刺激有关的一些因素之下时，就会不自觉地想起自己曾经受到的刺激。这些因素包括地点、环境、人物、相类似的事情、食物、颜色、声音、玩具、场景……

## 心理学家支招

从儿童成长特点来看，3~4岁的孩子，还不懂得用正面的情绪来影响自己，只会根据自己内心的想法对“刺激”产生简单的反应，比如对抗、逃避、茫然等，最终产生了多疑的心理。

敏感、多疑是一种不良心理，“刺激型”多疑更是如此。“刺激型”多疑是一种“心理创伤后遗症”。如果父母不尽早进行引导，不仅会影响孩子的心情，更会影响孩子的性格。

那么，当孩子出现“刺激型”多疑心理时，父母该如何引导呢？

（1）借用同体效应。

同体效应是心理学术语，同样适用家庭教育与亲子关系中。即让孩子感觉你是他的“自己人”，这样，孩子对“自己人”的话更信赖，更易于接受。如，当孩子出现“刺激型”多疑心理时，父母不应责备，应该给予孩子同情和理解，这样才能引导孩子把委屈述说出来，利于父母对孩子多疑的事情进行解释。

（2）当场验证法。

打消疑虑最好的办法就是查证事实。如果你的孩子怀疑别人在说她坏话，父母不妨让他前去求证，让孩子看看他的怀疑是否正确。孩子刚开始可能因为胆怯不敢去，父母可以带他一同前往。当孩子求证后发现自己的怀疑是错误的，多疑心理自然就会慢慢消失。

（3）替孩子申诉求得公道。

刺激、委屈对于孩子来说就是一块心病。心病还需心药医，解绳还需系绳人。要想减少孩子多疑的心理，父母可以通过替孩子申诉来求得公道，该解释的解释，该道歉的道歉。只有帮助孩子把这个心结解开了，事情才能得到圆满解决。

## 他山之石

母亲姓名：童梦

职业：小学教师

女儿姓名：诚诚，4 岁半

女儿诚诚原本是个性格开朗的小姑娘，却因为一次“被冤枉”而变得沉闷内向，不愿意和别人交往，甚至还经常怀疑别人在取笑她。

那天是室外活动课，活动内容是踢毽子。老师将诚诚和敏敏分在一组。诚诚和敏敏的关系一直不太好，经常吵架，老师之所以将她们分在一组，就是希望她们能够通过活动“冰释前嫌”，成为好朋友。

但想不到的是，就在大家玩得开心的时候，突然传来了敏敏的哭声。老师赶紧跑过去查看究竟，发现敏敏倒在地上，一副很痛苦的样子。

“你怎么摔倒了呢？”老师问敏敏。

“是诚诚把我推倒的。”敏敏一口咬定是诚诚所为。

老师批评了诚诚，安慰了敏敏。受了委屈的诚诚哭了出来，不再愿意待在幼儿园，吵着要回家。

在得到事情真相之后，我又找到了敏敏，希望她能够承认自己“冤枉”了诚诚，并且能够跟诚诚道个歉、握个手。刚开始，她很不情愿，当我请求她帮忙时，她答应了。

最后在我们的鼓励下，敏敏当着所有小朋友的面，跟诚诚道了歉、拥抱了诚诚。那一刻，我看到了诚诚脸上露出了久违的笑容。

也正因为我帮诚诚讨回了公道，她也没有原来那么多疑了。前几天，幼儿园老师欣喜地告诉我，诚诚和敏敏已经成了好朋友，每天游戏都主动要在一起。

看到诚诚的改变，我心里别提多高兴了！

# Part 4

# 引导家中的“忌妒王”

忌妒心理，几乎每个孩子都有，只不过有的明显一点，有的比较含蓄。见不得父母抱其他的孩子、不愿意别人的玩具比自己的好看、凡事都想争第一、别人有的东西自己没有就哭闹……这些都是孩子忌妒心强的外在表现。面对孩子的忌妒心理，父母应该给予应有的重视，并设法积极引导。

## 宝宝忌妒心理测试

适度的忌妒心理是正常的，但是一旦过分，就会给孩子的身心健康造成不利的影响。那么，你的孩子的忌妒心理是否过分呢？现在我们不妨来做个测试：

1.当你抱邻居的孩子时，孩子会愿意吗？

A.会　　B.不会

2.看到别的小朋友有好玩的玩具，他会哭闹并且要你买一个更好的吗？

A.不会　　B.会

3.作为父母，你们的忌妒心强吗？

A.不强　　B.强

4.你们的孩子有“处处争第一”的想法吗？

A.没有　　B.有

5.你的孩子懂得称赞别的小朋友吗？

A.会　　B.不会

6.你觉得你家孩子是个爱吃醋的人吗？

A.不是　　B.是

7.你家的孩子经常无缘无故生别人的气吗？

A.不会　　B.会

8.看到别人比他好，他会想办法去搞破坏吗？

A.不会　　B.会

现在，请统计你的选项以及测试结果：

“超级忌妒型”孩子：测试答案中，当 A 项出现 1 ~ 2 次时，意味着你家孩子的忌妒心可能已经很强了，或许他现在正处在忌妒的旋涡里无法自拔。父母应该切实关注这一点，纠正孩子喜欢忌妒别人的坏习惯。

“普通忌妒型”孩子：测试答案中，当 A 项出现 3 ~ 5 次时，则说明你家孩子的忌妒心理已经开始增强，如果不及时引导，很有可能成为别人眼中的“醋坛子”。

“非忌妒型”孩子：测试答案中，当 A 项出现 6 ~ 8 次时，你可以不用太过担心孩子的忌妒心理。至少从现在来看，他的忌妒心理并不是特别明显，也不会给他的交往、学习等造成比较大的影响。

## 1. 妈妈一抱别人，奇奇就闹
## ——消除孩子的霸道型忌妒

奇奇妈妈的好姐妹王怡前天刚生了一个大胖小子。奇奇妈妈决定去医院道喜。

“奇奇，你王阿姨给你生了一个小弟弟，我们去看看好不好?”出发之前，奇奇妈妈征求奇奇的意见。

“小弟弟？好啊，我要去看小弟弟，我要去看小弟弟……”奇奇兴奋得一边拍手一边跳。

到了医院，奇奇一看到胖乎乎的小弟弟，就十分开心！

“奇奇啊，我们就把弟弟抱回家，好不好?”说完奇奇妈妈顺手抱起了小婴儿，亲了亲粉嫩的小脸，一副非常疼爱的样子。这下奇奇不干了，硬是要妈妈把小弟弟放下来抱他，奇奇妈妈说:“你都这么大了，还要妈妈抱啊?”说完又和王怡说起了话，没有理会奇奇。

见妈妈没理会自己，奇奇“哇”的一声哭了起来，抱着妈妈的腿不放。

“这孩子是怎么了，怎么这么黏人!”看奇奇这样，奇奇妈妈百思不解。

**案例深度解析**

奇奇怎么了？他是在吃“小弟弟”的醋，或者说是忌妒“小弟弟”。这是最典型的忌妒心理，是小朋友之间的忌妒、婴幼儿之间的忌妒。

什么是忌妒呢？忌妒就是在别人比自己优越时所产生的一种憎恨情绪。它是一种心理活动，这种心理活动是从人的早期情绪分化而来的。

心理学家研究发现，在新生儿期，婴儿吃饱穿暖了，得到了生理上的满足，就会表现出愉快情绪。反之，如果饥饿、疲倦，在生理上得不到满足，就会哭闹。3~4个月，情绪分化成快乐与苦恼，5~6个月，苦恼又分化为惧怕、厌恶、发怒。1岁半以后，从苦恼的情绪中进一步分化为忌妒和一般的苦恼。

孩子从1岁半至2岁起，忌妒心理就有了具体而明显的表现。如，看到妈妈抱其他孩子，而自己没人抱，就会闷闷不乐。本文中的奇奇就是如此。

除此之外，还有些孩子会因忌妒而推搡其他孩子。如果在幼儿园，老师比较喜欢某一个孩子，其他孩子也会偷偷搞破坏，整蛊那个孩子。

孩子为什么会产生这种“霸道型”的忌妒心理呢？心理专家告诉我们可能有以下几个原因。

（1）环境效应。

孩子刚出生的时候都是一张白纸，后天性格、习惯、忌妒心理的养成和所处的家庭环境有很大的影响。不良的家庭环境，如父母相互猜疑，当着孩子的面贬低别人，都会在不经意间给孩子带来不好的影响。

（2）不恰当对比。

有的父母喜欢在孩子面前说别的小朋友多么多么好，孩子会以为父母喜欢别的小朋友而不喜欢自己，于是对那个孩子产生忌妒。

（3）自我意识太强。

有些孩子自小被父母溺爱，很少受到委屈、挫折，因而导致他的自我意识强，凡事以自我为中心，只注重个人感受，很少想到他人。当父母把重心放在别的孩子身上时，忌妒心理随之产生。在这种思维模式的影响下，孩子的独霸意识就很严重。

**心理学家支招**

众所周知，忌妒是一种消极的心理现象。婴幼儿爱妒忌他人，通常是由于自我意识强，凡事以自我为中心。

心理学家认为，轻微的忌妒能刺激孩子的社会能力和成就欲望，他们在忌妒的心态下能学会社会的规则，找到自己与别人的差距。但忌妒一旦超过了某个度，就会变成一种扭曲的情感，影响孩子身心健康成长。因而，在生活中，父母需细心观察。

如果发现孩子非常自我，一看父母对其他人好就不高兴，或一看到某些方面比自己强的小朋友就攻击人家，父母就应该对孩子进行有效的引导，具体可参考以下方法。

（1）让孩子学会分享。

孩子表现出霸道型的忌妒心理，是因为他们不懂得和人分享。此时，父母应该创造出更多的机会，引导孩子学会分享。比如邀请同龄小朋友来家里做客，让孩子送点心给他们吃。当孩子体会到分享的快乐时，就会乐于与人分享了。

（2）多与孩子沟通。

父母要多和孩子交流情感，而不是让孩子独占某个家庭成员的爱，或者独占某种美食、玩具、电视、电脑等。在教育孩子的时候，家庭成员之间要相互尊重，不能因为孩子不喜欢某位家庭成员而人为地把他（她）排除在外，这样只会使得孩子更加不喜欢、不尊重那位家庭成员。

（3）积极的环境效应。

父母应该给孩子营造良好的环境。如，当邻居买了车时，父母要以欣赏的态度对待这件事，而不是忌妒，同时要让孩子多与不爱忌妒的小朋友交往。当孩子有了优点时，要让小朋友多夸他。同理，当小朋友成绩好时，父母要这样对孩子说：“你如果一直努力，也会像某某小朋友那样棒！”

（4）正确评价法。

父母不要对孩子进行不恰当的比较。比如：“为什么你不能像明明一样和小伙伴一起玩呢？”“你吃饭为什么还不如你的小妹妹呢？”如果爸爸、妈妈总是在夸别的小孩子，孩子就会觉得父母不喜欢自己，从而产生忌妒心理。如果父母要进行评价，应明确指出彼此的长处和短处，使孩子明白人人都有长处和短处，小朋友之间应相互学习帮助，正确评价自己。

**他山之石**

母亲姓名：路万芳

职业：影院售票员

女儿姓名：乐乐，3岁半

我女儿乐乐3岁半了，入托已经半年。不知为什么，这几天一提上幼儿园就哭哭啼啼，说不喜欢幼儿园的老师，就是不愿意去。

怎么办?

周末的时候，我去了幼儿园。幼儿园老师说："其实我挺喜欢您家乐乐的，她很聪明。可就是忌妒心很重。比如我一夸其他孩子，她就特别不开心，甚至拒绝和我刚夸过的孩子一起玩……"

听了老师的话我才明白，乐乐不喜欢老师，也不愿上幼儿园，原因竟然是忌妒心太强，不愿意和别的小朋友一起分享老师的爱。

找到了原因，如何对症下药呢？为此，我决定引导孩子学会和别人分享，开始尝试改造乐乐。周末休息，我会把同事的小朋友都邀请到我家做客，并买了一些糖果，要乐乐分给小朋友吃。刚开始，乐乐有些不乐意，但当小朋友把他们的玩具给乐乐玩时，乐乐就同意把糖果分给小伙伴吃了。我就夸乐乐真懂事，乐乐可高兴了！

现在，我正在加强这方面的引导，相信乐乐总有一天会变成一个大方、开朗的小姑娘的。

## 2. 杰米总爱吃妹妹的醋
## ——孩子爱吃醋，父母怎样引导？

在有妹妹之前，杰米是一个非常听话的孩子。5岁半的他已经会帮妈妈择菜、扫地了，甚至还开始学着煮方便面。亲戚和周围的邻居都羡慕杰米的妈妈有福气。

可在妈妈生了第二个孩子之后，情况就发生了变化：

“杰米，帮妈妈把妹妹的那条粉红色裤子拿过来好不好？”正在给小妹妹换裤子的妈妈喊杰米帮忙。

“不去，你让她自己去拿。”杰米一脸的不高兴。

“妹妹这么小，她怎么会拿呀？”

“反正我就是不去。别喊我了，我要睡觉了。”杰米躺在泡沫地板上，翻来翻去，显得非常烦躁。

妈妈无奈，只好放下妹妹，自己去拿裤子。还没走到门外，就听到小家伙哭了起来，回过头来一看，发现小杰米竟然在抢妹妹的玩具，还打了她。

“杰米，你为什么打妹妹？”妈妈很生气，走了过来把玩具还给了小妹妹，“你都当哥哥了，就不能让着点小妹妹？”

杰米瞪着眼睛喊道：“让着她！就知道要我让着她，我就不！那是我的玩具，我不想给她玩……”说完，又跑过去把玩具抢了过来，惹得小家伙又是一阵哭闹。妈妈气极了，抬手就给杰米一巴掌。杰米也怒了，竟把玩具砸到了小妹妹的头上……

类似的事还有很多，比如，杰米经常无缘无故地把小妹妹弄哭、把她的鞋子扔到窗外、给她的奶瓶里灌凉水……曾经听话懂事的杰米现在已经成了一个捣蛋鬼，而且都是针对妹妹的。

杰米到底怎么了，为什么越长大越不听话了呢？

**案例深度解析**

原本乖巧懂事的杰米在有了妹妹之后变得不听话，故意和妹妹过不去，实际上是在吃妹妹的“醋”。

杰米为什么会吃妹妹的“醋”？当然是忌妒心理在作怪。

婴幼儿也有忌妒心理吗？很多父母难以置信。但心理学家研究发现，3个月大的婴儿就已经有了明显的忌妒心理。如，当母亲将注意力转向其他人时（如聊天或其他形式的互动），3个月大的婴儿就会蹬腿和发出叫声。而孩子慢慢长大后，这种“吃醋”行为就会扩展成对抗、哭闹，甚至报复。

那么，婴幼儿为什么会有忌妒心理呢？原因当然有很多，现分析如下：

（1）负面环境效应。

现在的父母多溺爱孩子，家中好吃、好玩的都留给孩子，时间长了，就让他养成了以自我为中心的习惯，“独占”意识相当强。如果有人分享，孩子就会忌妒，杰米就是如此。他早已觉得这些都是自己一个人的，别人不能分享。一旦被妹妹分享，就会产生抵触情绪。

（2）缺乏安全感。

孩子认知能力有限，当原本属于自己的东西被别人占据之后，内心就会隐隐约约产生了一种不安。如本文中的杰米，父母原来是他一个人的，可自从有了妹妹之后就不是了，这种变化让他不安。妈妈对妹妹这么好，以后还会喜欢我吗？还会给自己买零食、带自己去游乐园玩吗？当然，杰米还小，不会通过求证来解除心里的不安全感，就只好通过捣乱、哭闹来表达了。

（3）不当评价。

随着年龄的增长，孩子对自我的关注意识开始萌芽，但他们对自己的评价往往是以大人的评价为标准。现代一些父母经常以赞赏的方法教育孩子。但如果表扬过分，就会使孩子产生骄傲情绪，以为自己就是最好的。而当他人说别人好，没说他好时，他就接受不了，于是产生了忌妒心。

## 心理学家支招

如果你家又多了个小宝宝，大孩子经常吃小妹妹、小弟弟的醋，那就是大孩子有忌妒心理了。这种忌妒属于兄弟姐妹之间的忌妒，在5岁以下的孩子中表现得最为强烈。

如果家中有个爱忌妒的孩子，父母们肯定会觉得麻烦。可孩子的忌妒心强，与父母有很大关系，如父母经常吵架、爱忌妒邻居或同事、家庭教育方式不正确，父母对孩子的要求不一致等。

因而，当发现孩子爱吃醋、爱忌妒时，父母们一定要好好反省，看问题到底出在了哪儿，然后对症下药，对孩子进行积极的引导，具体可参考以下方法：

（1）“爱抚效应”。

心理学家认为，肢体上的接触能够减少人内心的不安全感，特别是对孩子，这种效果更加明显。在孩子“吃醋”时，父母可以把孩子抱在身边，用手抚摸孩子的脑袋、后背、手臂，甚至可以用脸颊去蹭孩子的脸部、耳根，让孩子快速安静下来。

（2）满足孩子的合理需求。

如果家又多了个孩子，父母一定要公平地对待每一个孩子，尽量满足每一个孩子的合理需求。如大孩子要衣服，小孩子要玩具，父母尽量都要满足。可以趁一些节假日、周末时间陪孩子去逛逛超市、书店、玩具店等。

（3）告诉孩子，我们依然爱你。

很多父母在孩子吃醋时会说“我们都喜欢小妹妹，不喜欢你了”之类的话，却不知这非但无法减轻孩子的“吃醋”心理，反而会加剧孩子和父母之间的情绪对抗。在孩子情绪相对平稳的时候，父母要告诉他：“虽然有了小弟弟小妹妹，爸爸妈妈还是很爱你的。”找个时间跟孩子单独相处、聊天、讲故事，这样就会避免孩子吃醋。

## 他山之石

妈妈姓名：董欣

妈妈职业：销售员

儿子姓名：童童，4 岁

我儿子童童已经四周岁了，平时他很乖，也很听话。可自从他奶奶生病之后，我就觉得他好像性情大变，经常无缘无故地和我们吵架、怄气，脾气暴躁时还会摔东西、扔玩具，想要玩的时候又找我们拿，拿不到又是一顿哭闹……

那时他奶奶生病在家疗养，我和他爸爸每天都要上班，晚上才能回家照顾老人，根本没时间答理他。他要是哭闹，爸爸就会揍他。可是“揍”并未解决问题，他的行为却越来越“过分”，有一次竟然用棍子把熬药的沙锅敲得稀烂。

我意识到问题很严重了，童童似乎很不满我们把注意力全部放在奶奶身上，他在吃醋。

晚上他要睡觉的时候，我特地从婆婆的房间走出来，给他讲睡前的故事，并告诉他：“现在奶奶生病了，需要爸爸妈妈的照顾，所以照顾你的时间可能会少一点，但并不表示爸爸妈妈不喜欢你了，知道吗？等奶奶病好了，我们三个大人就会一起来照顾你，好不好？”

听了我的话，童童竟然两眼一红说：“妈妈，我错了，我不应该把奶奶的药打掉的，不然她病重了会很难受。”

“是啊，你看，爸爸刚才又得出去买沙锅，现在还在帮奶奶熬药，爸爸也很累了呀！”

“妈妈，你快去帮爸爸吧，我一个人睡觉，明天我也来帮你照顾奶奶，好不好？”童童侧着脑袋问我。

“好，我家童童最乖了！”我并没有走出房间，而是抱着童童，直到他睡着。

果然，从那天之后，童童开始帮助我们照顾奶奶。虽然只是端茶递水的小事，却让我们感动不已。

## 3. 谁也不能吃我的好吃的
## ——引导自私型忌妒宝宝

3 岁的明明从小就是个忌妒心强的孩子，刚开始家人以为他仅仅针对小朋友，因为他总是因为身边的小朋友有更好吃的零食、更好玩的玩具而不跟他们玩。

妈妈觉得孩子还小，有点忌妒心没什么，也就没怎么管他。可让妈妈想不到的是，明明竟然连奶奶也忌妒。

那天是奶奶的六十大寿。按照当地的习俗，应该是寿星吃第一口蛋糕。可明明却不干了，开始大哭，到了第二天气还没消。更让妈妈想不到的是，他看见奶奶穿上新衣服、新鞋子，又是一顿哭闹，非要妈妈也给他买新的，不然就不去幼儿园。

一天吃早餐时，见奶奶碗里有荷包蛋，明明就要抢过来吃。自己碗里的不吃，也不允许奶奶吃，爸爸妈妈还不能把自己的荷包蛋给奶奶。

这孩子怎么这么不懂事？

**案例深度解析**

明明是典型的“自私型”忌妒心理。具有这种心理的孩子总是不喜欢听家人说别人好、不愿意把自己的东西和别人分享，甚至还想着把别人的东西占为己有……

孩子为什么如此呢？孩子 3 岁时自我意识较强，行事多以自我为中心。父母的溺爱更会让孩子凡事老想着自己的感受，不想别人的感受。从这个角度来说，“自私型”忌妒是孩子心中“我”的位置过于膨胀的具体表现。他们总怕别人分享自己的东西，把自己“比下去”。

当然，孩子“自私型”忌妒心理的成因是极其复杂的，现具体分析如下：

那么为什么孩子会出现这种心理呢？

（1）独占效应。

家里有什么好吃的，总喜欢让孩子一个人吃；超市里看到好玩的，总是不计代价地给孩子买……久而久之，就会让孩子产生一种错误的意识，只要自己想要，那些东西都应该是自己的，别人不能碰或者拥有，这种霸占已经成了一种习惯。当有人破坏这种习惯时，哭闹自然在所难免。

（2）虚荣心过强所致。

有“自私型”忌妒心理的孩子普遍虚荣心都比较强，他们都希望拥有别人所没有的东西，这样就会有一种“高高在上”的心理优势，内心的愉悦感就会增加。事实上，正是对这种心理愉悦感的依赖，使得孩子不愿意看到别人比自己好。

（3）错误竞争理念所致。

如果父母没有给予他们良好的竞争理念，孩子就会产生不良的竞争意识：他比我强老师就一定喜欢他、他有了大红花我就没有了、我没有考第一父母就不喜欢我了、他背书背得好就是聪明孩子而我就是笨孩子……这些不正确的竞争理念无时无刻不在影响着孩子，并导致孩子产生忌妒心理。

## 心理学家支招

忌妒与生俱来，而之所以忌妒，是由于对别人拥有的东西或能力怀有“本应属于我”的心理。从心理学角度来分析，就是自我意识太强，没有正确的物权观念。因而，从孩子懂事起，父母就应该引导孩子树立正确的物权观念，平时多告诉孩子，这是妈妈的鞋子，这是奶奶的眼镜，这是爸爸用的电脑，这是这宝宝的裙子。

同时，父母应该多观察孩子的行为与情绪变化，当发现孩子老吃手指、脆弱易怒、爱发脾气甚至咬人时，那么，孩子就有可能有忌妒心理了。

通常，自私和忌妒是孩子的一种正常情绪反应，但是如果这种情绪过多过强，就有可能成为孩子人格的一部分，从而使得孩子养成不好的性格。所以，父母发现孩子忌妒时，不能放任不管，而是应对孩子进行正确的引导。

如何引导孩子呢？如果你没有好的方法的话，可尝试以下这些小妙方：

（1）培养孩子的分享意识。

父母应该从小让孩子养成分享的习惯。当然，刚开始可能需要“强制”进行。比如买了水果之后，强制进行分配，哪些是孩子的，哪些是爷爷奶奶的。只要让孩子习惯这种分享，忌妒心理就能得到缓解。

（2）引导孩子正确地竞争。

孩子有竞争意识并不是一件坏事，但父母一定要注意引导，让孩子看淡竞争的结果，帮助孩子度过“竞争失利期”。如孩子考试成绩不理想，父母不要埋怨孩子，可以告诉孩子：“只要你尽力就可以了。”“只要你比上次考得好就可以了。”这样就不会让孩子对那些成绩比自己好的同学产生忌妒心理。

（3）丰富孩子的生活。

父母应该想办法让孩子的生活丰富起来，有时间多陪孩子去公园玩滑梯、碰碰车，或带孩子去动物园。平时在家，多给孩子讲故事，教孩子画画或下棋，培养他们各方面的兴趣。孩子活动多了，爱好多了，自然就没有时间去忌妒别人了。

## 他山之石

母亲姓名：欧阳童丽

职业：物流公司理货员

孩子姓名：鲁鲁，3岁半

由于工作忙，我没时间照顾儿子鲁鲁，就把他放在我妹妹家。正好我妹妹家也有一个男孩，叫小刚，比鲁鲁大一岁。原本想让两个孩子有个玩伴，却没想到因为鲁鲁忌妒心太强，经常哭闹。

一天，我妹妹从菜市场买了两个小西瓜回来，让他们两个人各自挑一个。

可等切开的时候，鲁鲁发现自己的这个小西瓜没有小哥哥的好，便嚷嚷着要和小哥哥换。小哥哥不愿意，我妹妹也对他说：“这是你自己挑的，怪不得别人。”

听到妹妹的话，鲁鲁一下子哭了起来，趁小哥哥不注意，竟把他的西瓜扔在了地上。

事后，我妹妹跟我说：“不是我说你家鲁鲁的不好，他的忌妒心实在太强了，这样下去可不行啊。”

“我也知道，可是我都不知道该怎么办。”我忧心忡忡地说。

“我家小刚以前忌妒心也特别强。后来我开始培养他的兴趣，教他画画、下棋，休息时带他去公园玩……孩子一高兴，慢慢地就不爱忌妒别人了。”

听了妹妹的话，我半信半疑。但又没有其他好办法。只好尝试妹妹的方法。

坚持了不到两个月，我发现鲁鲁的忌妒心有了很大的改善。

# 4. 见不得别人好的超超
# ——带领孩子走出酸葡萄心理

超超和鑫鑫是邻居，也是一对很要好的朋友。两人的家也住得很近，从小在一个幼儿园，上一年级又在同一个班。一直对外宣称对方是自己的铁哥们儿，整天形影不离。

可是，这种和谐最近被打破了，超超妈妈忽然间发现，儿子对鑫鑫有些反感，不再愿意和鑫鑫一同写作业。即便鑫鑫主动过来找他玩，超超也是不理不睬的。

“为什么和鑫鑫疏远了？”妈妈问。

“不知道！”超超却不肯说，嘴角却露出一副不屑的样子。

“你们两个怎么回事啊？”超超妈问鑫鑫。

“我哪知道啊！”鑫鑫不解地答道。

那到底是什么原因呢？

在一次偶然的机会中，超超妈发现了原因，电视上主持人祝贺一个小学生第一批戴上了红领巾，超超却撇撇嘴一脸不服气：“这有什么了不起的！”接下来，他伸手拿起遥控器很不耐烦地换了台。

“是不是因为鑫鑫第一批戴上了红领巾，而超超因为年纪稍微小没戴上，所以有了忌妒心？”

后来，妈妈一直观察超超，她发现超超虽然疏远鑫鑫，却密切关注着鑫鑫的一举一动。有一次，鑫鑫迟到被老师批评，超超因此高兴了一整晚。

超超妈觉得很不解，这么小的孩子忌妒心怎么那么强呢？

**案例深度解析**

两个原本关系很铁的朋友，却因为其中一个人早些时候戴上了红领巾，而使得另一个产生了忌妒心理，并说“这有什么了不起的”，不再愿意答理对方。这是典型的“酸葡萄”式忌妒心理。

孩子为何有“酸葡萄”式忌妒心理呢？当然是受“酸葡萄”效应的影响。“酸葡萄”效应源于在伊索寓言中《狐狸与葡萄》的故事。狐狸想吃葡萄，但由于葡萄长得太高，它无法吃到，就说葡萄是酸的，没什么好吃。心理学家将此例引入心理学，意指某人在追求某一目标失败时，为了冲淡自己内心的不安而故意将目标贬低说“不值得”追求而聊以自慰的一种做法，这一现象称为“酸葡萄”机制或“酸葡萄”效应。而一旦一个孩子表现出了“酸葡萄心理”，说明这个孩子的忌妒心已经开始外露。

在生活当中，经常能看到类似的“酸葡萄”效应的表现：很想吃别人的零食却说那些零食不好吃、很想玩别人的玩具却说那玩具不好玩、很想去游乐园玩却说游乐园一点都不好玩……这些都是孩子的“酸葡萄”式忌妒心理的外在表现。

孩子之所以会有“酸葡萄”式忌妒心理，原因就在于他们已经具备一些对比意识，而且意识到了危机，害怕别人超过自己。一个孩子，从 4 个月开始就已经具备了对比意识。1 岁以后，危机感就会产生，从而形成忌妒心理。

当然，孩子“酸葡萄”式忌妒心理的形成，除了上面提及的因素之外，还有以下这些因素：

（1）好胜心强。

有“酸葡萄”式忌妒心理的孩子，多好胜心强。如，在竞争中受挫会导致他对成功者的忌妒；因老师表扬他人而产生忌妒；因自己家境贫寒而对家庭经济地位高的同学产生忌妒等。总之，当孩子发现自己不如别人，却又无力改变现状的时候，他们最爱忌妒他人，甚至诋毁他人。

（2）认识比较浅薄。

孩子忌妒心理的产生，从内因看，与孩子的知识浅薄、眼界狭小、虚荣心强有着密切关系。有的孩子生性比较敏感，一旦发现自己在某些方面不如别人，就会从心理上表现出一种恐惧与担心。当然，他们想的不是如何通过正当手段超过别人，而是通过负面的手段来诋毁、伤害对方，希望看到对方退步。

（3）心胸比较狭窄。

一个心胸宽广的孩子能够很容易地接受自己和别人之间的差距，甚至还会主动称赞别人，向对方表示祝贺。心胸比较狭窄的孩子则不然，一旦他发现自己和别人之间产生差距，他不会想着去祝贺对方，而是酸溜溜地说一句“有什么了不起的”。似乎这样说了之后，内心就会平衡些。

**心理学家支招**

孩子见不得别人比自己好，是“酸葡萄”心理的外露。3～5岁之间的孩子最爱有这种忌妒心理。有这种心理的孩子，爱诋毁对方，爱给对方使绊子。就像案例中的超超一样，在发现鑫鑫比自己早戴上红领巾后，就开始单方面不理会对方。

从儿童成长特点来看，这是一种正常的心理现象，说明孩子已经开始清晰地区分“自我”和“他人”，并且已经明白自我和他人之间是可以进行“比较”的。这是孩子心智发育趋向成熟的标志。

不过，这并不意味着就可以对孩子的这种“酸葡萄”心理听之任之。父母需要尽早、有效地进行一些引导，才会给孩子性格的养成带来帮助。

如何引导呢？父母不妨尝试以下几种方法：

（1）积极地引导。

改变孩子的“酸葡萄”心理，父母首先要改进自己的教育方法。比如不要总拿自己孩子跟别的孩子进行比较。否则，在“谦虚效应”的影响下，很容易让孩子感觉己不如人。在孩子处于劣势时，引导孩子通过努力赢得进步，而不是寄希望于对手退步。要告诉孩子，无论你怎么希望对方退步，都是不可能的。要想赢对方，唯有更加努力才行。

（2）正确比较法。

相当一部分忌妒心重的孩子，往往在与别人比较的时候存在偏差。比如，有的父母喜欢拿自己孩子的长处与别人的短处比，结果妄自尊大；有的将自己的短处与别人的长处比，越比越没有底气，越来越自卑。这两种方法都是不正确的。正确的比较方法应该是，客观地、实事求是地比较，清醒地认识到自己的优势与不足，取长补短。

（3）换位思考法。

在有必要的时候，父母可以就此问题跟孩子谈心，让孩子试着换位思考，问孩子："如果你是那个被忌妒的孩子，心里会如何难受、伤心？"不要觉得孩子思考不了这样深奥的问题，你的担心完全是多余的。

**他山之石**

母亲姓名：田纳兰

职业：报社编辑

儿子姓名：然然，5岁半

我家的儿子然然在一家幼儿园里上大班。

这学期开始，为了调动同学们学习的积极性，幼儿园老师组织了钢笔字比赛。谁写得好，老师就在他的作业本上加盖1朵小红花。谁得到10朵小红花，谁的作品就可参加全班展览，并有一个小小的奖品。为获得小红花，要强的然然天天练字。但好多天过去了，他的作业本上却还是没有一朵小红花。这让然然很失落。

一天放学，轮到然然值日。看到那些被老师当做范本的作业本时，然然很"生气"，于是就悄悄撕掉一些盖有小红花的作业本。而这一切，正好被窗外的老师看得一清二楚。

当天晚上，幼儿园的老师就给我打电话，向我通报了然然的情况，说他忌妒心实在是太强了，并要求我对她进行必要的引导。

为了让然然养成良好的心理习惯，我和他爸爸开始"引导"他。首先，我和家里人做了约定，以后不再把然然和其他小朋友进行比较。如果别人非要比，就一定要说出然然身上的优点。

其次，我找出然然的兴趣所在。待发现他对小玩具的拆装很感兴趣，就从市场买回很多玩具供他拆装。过了几天，然然果然装配出一台小铲车。渐渐地，我们发现，然然把更多的注意力放在了小玩具的拆装上，对成绩的关注已经下降。当然，和同学之间的对比也少了。

在老师的建议下，我又和然然进行了一次深入谈话，引导他站在被撕了作业本孩子的角度去思考："如果是你的作业本被撕，你愿意吗?"然然想了想，摇了摇头。既然他已经意识到了自己的错误，我也就不再多说了。

短短两三个月的时间，曾经忌妒心十足的然然，已经变成一个大方的小伙子了。

## 5. 多多总是不懂装懂
## ——孩子爱逞能，父母怎样引导？

多多今年4岁，在幼儿园上中班，他和隔壁的朵朵关系很好，每天放学总喜欢和他一块儿写作业。刚开始，妈妈觉得多多能和朵朵在一起挺好的，毕竟朵朵比他大一点，有什么事都能照顾到他，多多遇到什么不懂的问题，也可以向朵朵请教。可是最近，妈妈却发现一个问题，多多喜欢不懂装懂。一件事，本来朵朵说得挺对，多多却非要歪曲他的意思，而且给出自己看似合理的解释。

难道是多多的想象力很丰富？

可经过一段时间的观察后，妈妈却觉得事情并没有想象中的那么简单。

记得有一次，多多的作业是画一条河，并用蜡笔涂色。这个作业并不难，能给河流涂的颜色有很多：黄色、绿色、蓝色……朵朵就建议多多涂上黄色，说这是黄河的颜色。多多不干，挑选了半天，挑了一支紫色的蜡笔。

“多多，你为什么要涂紫色的？你见过紫色的河吗？”朵朵奇怪地问多多。

多多并不理会朵朵的疑问，一个劲儿往上涂，想了一会儿说道：“我这是新疆的河，新疆不是紫色的吗？”

“新疆是紫色的？”朵朵更奇怪了，说，“我妈说新疆有很多沙漠，应该是黄色的才对。”

“不对，新疆是紫色的，新疆的沙漠也是紫色的。”多多开始强词夺理，“新疆的葡萄都是紫色的，沙漠怎么会是黄色的呢？”

“那你知道沙漠是什么吗？”朵朵继续发问。

“沙漠……沙漠就是磨沙子的东西，和磨豆浆的机器有点像。上次，我爸爸还带我去超市看了呢，你肯定没见过吧？”多多想了想回答道。

“哈哈哈，随便你吧。”朵朵不愿意争执下去，开始埋头画自己的画。

听到这里，多多妈妈就觉得很不可思议。其实多多不知道的东西有很多，但是就像今天一样，他就是不承认自己不知道，而非要给出解释，最后闹出了笑话。这样的笑话越来越多。多多妈妈就开始担心，这孩子总喜欢不懂装懂，到底该怎么办？

**案例深度解析**

面对自己不懂的事，却总是装出一副很懂的样子，并振振有词地给出“答案”。从表面上看，这是孩子想象力丰富的一种表现，但实际上，这是孩子在逞能。

小孩子都爱逞能，2 岁左右，逞能现象开始出现，3 ~ 5 岁达到顶峰，随后就会慢慢减少。男孩和女孩相比，男孩的逞能心态更加严重一些。

小孩子是如何逞能的呢？通常，爱逞能的孩子总是爱说“让我来”！此外还会表现为：别人不敢爬的树他非要去爬、别人不敢去的地方他会抢着去、别人说辣的东西他抢着吃……总之，别的孩子不敢做什么，逞能的孩子就会抢着去做什么，以此来表明自己比别的孩子“厉害”。

家有逞能孩子，很多父母很高兴。因为在他们看来，这是孩子有自信的表现。但心理学家认为，孩子爱逞能，是孩子忌妒心理的外在表现。

那么，孩子为何爱逞能呢？主要由于以下原因：

（1）教养方式不当。

很多时候，孩子不敢去尝试一些事情。父母为了鼓励孩子去做，就会使用“激将法”，说一些刺激孩子的话。比如“你是男子汉那就去做”“你这么笨，肯定做不好”“你是一个胆小鬼，你肯定不敢”……当孩子为了自尊心而应战的时候，其实就是在逞能。久而久之，也就养成了习惯。

（2）表现欲强。

爱逞能，还与孩子表现欲强有关。如，有些孩子喜欢在小朋友或他人面前表现自己，以此来引起他人的关注。这些孩子与不爱表现自己的孩子相比，就显得爱逞能。无论看到了新的事物，还是学到了新的知识，都会迫不及待地想让别人知道。比如在幼儿园学了一首儿歌，回家就喜欢在父母面前唱，想得到父母的关注或评析、认可、赞赏。当然也会因为逞能爬树、把衣服扯破，最后被父母批评。

（3）自卑心理。

孩子爱逞能，还与自卑心理有关。自卑的孩子为证明自己能行，通常会在他人面前逞能。比如孩子就是没有胆量，却要逞能和别人打赌，硬着头皮去最黑暗的角落；明明不敢吃大蒜，却要逞能硬着头皮吃。从某种程度上来说，喜欢逞能的孩子十之八九都有一定的自卑心理。

**心理学家支招**

孩子爱逞能，说明他已经意识到了自己和别人之间的差距。适当地拥有一些逞能心理能满足孩子的表现欲，但过于逞能也给孩子带来了一些潜在的危险，特别是 5 岁左右的孩子。因为这个年龄段的孩子辨别能力差，不知什么行为危险，什么行为安全。

此外，孩子过于爱逞能，也不利于良好个性的形成。因此，父母应该高度重视，尽早给予引导。具体的方法可以借鉴以下几点：

（1）运用激励效应。

孩子爱逞能时，父母可巧妙地运用激励效应，引导孩子正确地表现自己。如，在孩子写作业遇到困难时，可这样鼓励他：“孩子，爸爸知道你行的！”“宝贝，你是一个聪明的孩子，这个题目你肯定能做出来。”“相信我，你一定行。”

（2）承担后果法。

如果孩子不听劝，非要逞能，并造成了不良后果，如，父母不让他动电话，他却非要乱动，把电话弄坏，父母可以要求孩子用自己的零花钱去修电话机，或让孩子将因逞能而犯的错误记录下来，超过十次，就禁止他一周内不许看动画片。

（3）授业解惑法。

有的孩子逞能，是因为自己对某些方面不懂，只是为了“比过”小伙伴，才装出很懂的样子。此时，父母可给他“解惑”。如案例中的多多不明白为什么“新疆”的河不该是紫色的，什么是“沙漠”，父母就可以通过解释让孩子明白他错在哪儿。

**他山之石**

父亲姓名：程晓飞

职业：司机

儿子姓名：牛牛，4 岁半

我的儿子牛牛今年 4 岁多，虎头虎脑，惹人喜爱。但他有一点不好，就是喜欢逞能，常常不懂装懂。

有一天，我们一家在看电视。当时是冬天，电视上出现了一座山，山上被积雪覆盖。牛牛就问我：“爸爸，为什么那块雪都堆成山了？”

我笑了笑，回答道：“儿子，不是的，那里本来就是一座山，只不过是雪把它给埋了，山上的雪和路上的雪是一样厚的。”

“不是，山上的雪肯定比路上的厚，你看堆得那么高。你不是经常说红军爬雪山吗？没有雪怎么能堆出山呢？”牛牛一本正经地说。

“雪山，就是指有雪的山，不是雪堆出来的山……”我尽量解释道。

“不是的，爸爸，你错了，不是的……”说着说着，牛牛竟然哭了起来。我知道，他这是在不懂装懂，却被我戳穿，面子上过不去才哭的。

当时我就没有多说什么，心想哪天我会让你眼见为实的。

过了大概一个星期之后，天降大雪，积雪很厚。郊区的山已经被积雪覆盖了。

“这是一个好机会，我要让牛牛见见什么叫雪山。”当下，我就叫醒儿子，挂上防滑链开着车去郊区。

“儿子，你看，那是不是雪山啊？”我指着一座山问牛牛。

“是的，爸爸，那是雪山。上面有很多雪，我可以在那里堆雪人。”牛牛很兴奋。

“那你是不是觉得那里的雪特别厚，都堆成雪山了呢?”我慢慢地把牛牛往他自己设定的“圈套”里引。

“是的，可能那里要更冷一点，或者……天上面有了一个窟窿，所以，雪就从上面掉了下来。”牛牛还在不懂装懂。

我笑了笑，没有说话。等到山脚下的时候，我给了牛牛一根小棍子，让他把上面的雪扒开，看看下面到底是什么。

毫无疑问，下面是泥土，而不是牛牛认为的积雪。

“爸爸，这怎么是泥土，不是雪啊?”牛牛对自己的发现感觉很惊奇。

“雪山，是山上有雪，不是用雪堆出来的。”

突然间，牛牛明白了我带他来这里的用意所在，对我笑了笑，然后爬上车对我说：“爸爸，我们回家吧。”

自从经历了这一次事情之后，牛牛不懂装懂的坏习惯有了明显的改观，遇到不懂的事也不再凭主观臆断，而是会主动求教于我或者妈妈，逞能的心理也有了明显的减弱。

## 6. 凡事总争“第一”
## ——如何对待好胜心强的孩子

柔柔是个5岁的小女孩，已经在幼儿园上大班了，她性子比较急，特别喜欢争强好胜。

柔柔最喜欢和小朋友比赛，比如谁第一个到幼儿园、谁第一个把书本拿出来、谁第一个获得老师的大红花、谁第一个吃完饭……哪怕是衣服颜色鲜艳这样的小事，也要争个“第一第二”。

柔柔如果胜出，就会眉开眼笑；如果输了，就会不开心，经常哭鼻子。

一天晚上刚到家，她就催着妈妈做晚饭。妈妈以为她饿了，便给她做了一碗面条。没想到，她吃完就爬到床上睡觉，还要让妈妈帮她记得睡觉的时间。

柔柔妈觉得很奇怪，孩子这是在干什么呢？

第二天送柔柔去幼儿园时才知道，原来柔柔是和最好的朋友在比赛谁先上床睡觉。仅仅因为幼儿园的好朋友说自己晚上要早点上床休息，柔柔就想比她更早上床。

起初，柔柔只是和幼儿园朋友比赛，现在已经开始和家人比了。和爸爸比赛谁第一个先吃完、和妈妈比赛谁第一个先跑到家、和哥哥姐姐比赛谁能赢第一盘棋。得“第一”就开心，输了就大哭大闹。

慢慢地，妈妈又发现，柔柔对幼儿园的那位好朋友也开始发生变化，由喜爱对方变得事事提防对方超过自己，有好东西也不愿意跟对方分享。

妈妈终于意识到出问题了。

柔柔为什么这么喜欢“争第一”、好胜心如此强呢？

## 案例深度解析

凡事想争第一，是好胜心强的一种表现。在我们身边，孩子“争强好胜”的情况并不少见。就像案例中的柔柔一样，凡事总想排个位，谁是第一、谁是第二，甚至玩游戏、过家家时也会以“爸爸”“妈妈”“孩子”的方式来确定谁的地位最高、权利最大。这些都是孩子好胜心的一种外在表现。

好胜心强是孩子的天性，2 岁之后一般开始表现。有些孩子表现在学习上争第一，有些孩子则在活动中和竞争干部中显示自己的才华。

那么孩子为何好胜心太强呢?

（1）“关注缺失”效应。

每个孩子都希望得到更多的关注，希望从成人的关注中获得自我认同，得到满足。如果这种关注缺失，孩子的自我认同就会受到影响，内心无法得到满足，甚至因此而产生自卑心理。为了重新获得成人的认同，孩子就会以“第一”“最棒”的标准来要求自己。

（2）自我价值体系尚未建立。

4 岁左右的孩子自我意识逐渐加强，是培养自律意识的最佳时期，需要让孩子学会自己认可自己，承认自我价值。不过，有的孩子在这一时期自我价值体系尚未完全建立，如果自我价值没有获得别人的承认，就会认为自己是“不乖的”“不优秀的”“不厉害的”。也正因如此，他们的好胜心才如此之强，想要通过“赢”来肯定自我价值。

（3）否定效应的影响。

“你没有隔壁的敏敏乖”“你吃饭没有童童快”“你的作业没有刚刚写得好”……在日常生活中，很多父母为了激励孩子进步，会通过否定的方式提出孩子身上的不足。殊不知，这种方式非常容易让孩子产生忌妒心理。

## 心理学家支招

如果家有争强好胜的孩子，很多父母会认为孩子有上进心，不必太在意。事实真的如此吗？心理学家认为，孩子过于争强好胜，其实是抗打击能力弱的表现之一。

有的孩子因为求胜心切，在与他人有矛盾时，会产生非要压倒对方不可的思想，因而不惜使用攻击性手段，导致他伤或自伤，造成严重后果。可见，适度地争强好胜是正常表现，但如果过于争强好胜，就需要父母多加注意，多加引导了。

五六岁是孩子塑造性格的关键时期，这时，父母应该对争强好胜的孩子如何进行积极引导呢？心理学家认为，父母可参考以下方法：

（1）多关爱孩子。

在生活中，父母应该经常给予孩子关爱，如问“你在幼儿园高兴吗”“有什么好玩的事”“小朋友对你怎么样”“你有什么想法”“你想要什么”等。其实，孩子并不是真的需要什么，只是希望父母能够关注自己。

（2）比赛法。

父母可以经常与孩子进行吃饭或起床比赛，比赛后要告诉孩子，第二名和第一名一样棒，奖励第一名，同时也奖励第二名。这样，没得第一名的孩子也会同样地兴高采烈，从而避免孩子有太强的挫折感。

（3）多运动。

有时间，父母可以带孩子去游泳、打球。运动可以满足他争胜的欲望，是对性格培养的最佳手段。但需要注意，如果孩子在运动中遇到困难，如跑步时坚持不下去了，父母既要鼓励，又要适当指点，如如何跑才跑得快，才能坚持到最后。这样才能使好胜心真正成为孩子前进的驱动力。

## 他山之石

父亲姓名：明畅

职业：企业老板

儿子姓名：萧萧，6岁

儿子萧萧今年6岁，上小学一年级。他好胜心太强，什么事情都喜欢和人比，稍不满意就会生气、发脾气、哭泣。

那次考试，他只比第一名（他的同桌）低一分，可他不开心了整整一个月。当时我和他妈妈就安慰他："下次好好准备就可以了，没关系的。"可是萧萧不听，回家之后，还把自己做错的题目反复抄在作业本上做，十遍不行，一百遍不行，最后整整抄了三百遍才罢休。

"这样下去肯定不行。可该如何引导萧萧呢?"为此，我专门和萧萧的老师进行了交流。

"现在最应该做的就是多关心孩子，因为萧萧之所以争强好胜，很有可能和你们很少关心他有关。当然，除了关注之外，还要引导他看淡'名次''奖状''比赛'。告诉孩子，人生不可能事事如意，也不可能事事顺心，只要尽力就行了。"

后来，我就按老师的要求做了。起初效果不是特别理想，但我没有放弃，一直坚持在做。

三个月后的一天，萧萧考试得了第三名。可他回到家之后并没有显得太难过，只是要我帮忙讲解那些他做错的题目。

"萧萧，今天考了第三名，你很不开心吧?"我试探性地问。

"不会啊，爸爸，你不是经常告诉我成绩不是唯一的吗?这次错了，下次不再错就可以了，是不是?"萧萧十分自信地说。

"对，对，对，萧萧说得很对。"听他这样说，我高兴不已。

"是爸爸说得对，我只是重复你的话呢!"萧萧"纠正"我的话。

很显然，萧萧好胜心太强的心理已经得到了纠正，现在的他已经能够坦然面对自己的成败了。

# Part 5
# 我的孩子不合群！

并非每个孩子都是活泼开朗的，在我们身边，总是能看到一些孤僻、不太合群的孩子。他们并非不愿意和小朋友交往，很多时候是因为他们不知道该如何交往，或是因为他们在交往过程中存在一些心理障碍和误区，比如自闭、欺软怕硬、喜欢捣乱、容易和别人冲突等。遇到这种情况，父母及时的引导必不可少。

## 宝宝孤僻度测试

孩子是不是孤僻、不合群，单从他是否愿意和小朋友交往这一点来判断不太客观正确，关键还要看能否交往得好。比如喜欢捣乱的孩子，尽管他也在和小朋友交往，但并不能说他没有性格孤僻的可能性。要想知道你家的孩子是否有孤僻、不合群的现象，需要更加立体的观察和测试。

1.你家孩子经常交往的朋友超过3个吗?

A.超过　　B.不够

2.和小朋友在一起的时候,他会说很多话吗?

A.会的　　B.不会

3.你家的孩子有“家里家外两个人”的现象吗?

A.没有　　B.有的

4.你的孩子喜欢一个人玩吗?

A.不是　　B.是的

5.在路上遇到小朋友,你的孩子会主动和他们打招呼吗?

A.会的　　B.不会

6.你家孩子容易和别人吵架、打架吗?

A.不是　　B.是的

7.和小朋友一起玩耍时,是否有“欺软怕硬”的现象出现?

A.不是　　B.是的

8.看到别的小朋友玩耍,你的孩子是否经常会去“捣乱”?

A.不是　　B.是的

现在，请统计你的选项以及测试结果：

“超级孤僻型”孩子：测试答案中，如果A选项只出现0~2次，就意味着你家孩子的孤僻心理已经比较严重了。或许你因为工作忙没有注意这一点，但事实就摆在眼前。如果再不及时进行引导，可能会导致更严重的情况出现，影响孩子以后的交际。

“普通孤僻型”孩子：测试答案中，如果A选项出现3~5次，说明你家的孩子有一定的孤僻心理，不过问题还不太严重。如果能够及时引导，情况会很快得到好转。

“非孤僻型”孩子：测试答案中，如果A选项出现达到6~8次，说明你家孩子没有孤僻的情况，他是一个个性开朗的孩子，就算身边的朋友不多、不善于言辞，但只要父母多带孩子出去见世面，让孩子多和小朋友交流，情况就会慢慢改变。

## 1. 爱蹲角落的丹丹
## ——孩子不合群，父母怎么帮她

丹丹是个漂亮的小姑娘，在幼儿园上中班。

每天放学，妈妈都会问丹丹在幼儿园过得怎样，是不是和小朋友一起玩玩具、做游戏了。可是，丹丹听了，总是不愿意回答。刚开始，妈妈以为她只不过和小朋友闹矛盾了，也就没往心里去。可过了一段时间，妈妈开始怀疑了，难不成丹丹天天和小朋友闹矛盾？

晚上，妈妈打电话问了幼儿园的老师。老师说丹丹在幼儿园根本不和小朋友一起玩，只是一个人蹲在角落里看着。别人玩游戏，她也会笑，但就是不参与其中……

丹丹为什么会这样啊？

第二天，妈妈到幼儿园一看究竟。果然如老师所说。

当时，中班的小朋友都在一起玩过家家，气氛相当热烈。可丹丹却一个人坐在角落里看着，尽管小朋友一再邀请，可她就是不愿参加。

“到底是什么原因呢？”妈妈问老师。

“其实也没什么，丹丹就是有点孤僻，不太合群而已。”老师叹着气回答道。

**案例深度解析**

正如丹丹的老师所说，丹丹身上并没有多大的问题，只是性格有点孤僻，不太合群而已。

什么是不合群呢？从心理学角度分析，这是一种退缩性行为。不合群的孩子性格孤僻，社会交往能力差，时间长了，心里有无能感，逐渐变得自卑，富有攻击性。

在我们身边，有很多因孤僻而不合群的孩子。据调查结果显示，有90%性格孤僻的人不愿意和别人交往，之所以如此，都是由于父母的“不闻不问”。孩子根本不知道自己存在“性格孤僻”的问题，也不知道到底该如何和伙伴交往。直到长大成年，这些孩子也没有在人际交往上“开窍”。

不合群的孩子，表现也不尽相同。3岁之前，最典型的表现是不愿意别人碰自己、拿自己的玩具、吃自己的食物等。3岁之后的表现有：爱蹲角落、出门不说话、喜欢一个人玩、不愿意参加集体活动、不愿意和别人打招呼、爱捣乱、容易和别人产生冲突等。

为什么孩子会有孤僻的性格呢？

心理专家认为，孩子之所以孤僻，是因为他很容易受到一些环境因素的影响。比如以下几点：

（1）不良环境的效应。

现代城市里，孩子居住环境闭塞，缺少玩伴，而父母往往在忙于工作，邻里之间不常进行交往……每天和孩子相伴的不是爷爷奶奶，就是一堆冷冰冰的玩具。久而久之，孩子就会不爱说话、不愿意和别人交往，甚至性格孤僻。

（2）教养方式不当。

父母都不愿自己的孩子吃亏，比如他和小朋友闹矛盾时，父母就会告诉孩子，该怎么做自己才不会吃亏、遇见什么样的小朋友不要和他交往、学会保护自己的玩具、零食等。父母的出发点是帮孩子远离危险，却不知这样也会让孩子变得孤僻、不爱与人交往。

（3）“斥责效应”的影响。

在孩子与小朋友的交往过程中，往往会发生一些小“纠纷”。比如弄坏了小朋友的玩具、弄疼了对方、偷吃了零食、弄脏了衣服等。遇到这种情况，父母很可能会斥责孩子，责令孩子下一次不许再这样。事实上，孩子遭到斥责后，就会对人际交往产生一种恐惧心理，不知道该如何和小朋友交往。久而久之，就变成了不合群。

**心理学家支招**

婴幼儿时期是孩子性格形成的关键时期。如果父母发现孩子性格孤僻、不合群，一定要多加注意，因为这是一种不良心理与行为。

如果你家孩子已经出现了性格孤僻、不合群的现象，你就应该注意了。最好的办法就是引导孩子到人多的地方，如带着孩子去拜访亲朋好友，让孩子体会到和别人交往是件愉快的事。也可以创造一些条件，让自己的孩子和伙伴们一起玩耍，比如主动邀请小朋友到家里做客，并带着孩子热情招待小伙伴，鼓励孩子把糖果、玩具拿出来和伙伴分享。

当然，除了以上这两个方法之外，或许还需要一些小技巧：

（1）培养孩子的合作意识。

很多孩子之所以不合群，就是不懂得与他人合作。此时，父母可以通过做游戏，如，让孩子多玩一些需要多人才能完成的游戏，如丢沙包、传球等。鼓励孩子与别人合作完成游戏。不仅能增加他与别人交往的机会，也能让孩子明白人多力量大的道理。

（2）大度意识的培养。

如果你觉得自己孩子产生孤僻的原因是受到“吃亏意识”的影响，可以通过培养孩子大度意识来进行纠正。比如有了新的玩具、图书、食物，可以让孩子请自己的同伴先享受。当孩子与伙伴发生争吵时，要教孩子多多理解他人，不要只是偏袒他。

（3）团结合作精神的培养。

对于爱捣乱、爱逞能、惹是生非的孩子，父母要教育他们严于律己、宽以待人，互相信赖，彼此尊重。如果他们出现“不团结”“不合作”的行为，父母要适当纠正。慢慢地，孩子就会融入集体之中。

（4）教孩子一些社交技巧。

有些孩子不懂得怎么和别人交往。这时，父母应该特意为他们安排交往的环境，手把手地教他和其他小朋友交流的方法。比如，用什么样的动作来参加活动、和小朋友交往时该说什么样的话等。千万不能因他“不会”或“不懂”而将其弃之一边。

**他山之石**

母亲姓名：程云

职业：卖场销售员

女儿姓名：甜甜，4岁

女儿甜甜是个性格比较内向、不爱说话的小姑娘。她喜欢画画，经常一个人静静地画，不和别人说话。

刚开始我们以为小女孩都是这样的，也就没去注意，甚至还向我的朋友炫耀我生了一个小淑女。可我渐渐就发现事情有点不对劲了。甜甜不爱说话并不是“小淑女”的表现，而是她性格比较孤僻、不合群。而之所以有这个发现，源于一次“专家会”。

“专家会”开始之前，幼儿园的小朋友们都在尽情地玩耍。因为有父母的陪伴，他们玩得特别欢。我也忙着和小朋友的父母聊天，甜甜则在旁边玩积木。有几个小朋友想和她一起玩，却都被她拒绝了。后来一个小男孩非要和她玩，甜甜竟然哇哇大哭起来。

这一幕正好被儿童专家看在眼里。儿童专家观察了一会儿甜甜，告诉我：“你家甜甜不是害羞，而是不合群、性格孤僻。”

“怎么会是这样？”对于专家的结论，我很惊讶。但之后，我还是在专家的建议下开始帮助孩子，如，给孩子布置任务。

我要求甜甜把小朋友画完的画收集回家让我看。然后我给她指点哪里好，哪里不好。当然，甜甜要想收集这些画，必须经过小朋友的同意，这样一来，她和小朋友交流的机会就多了。再后来，我要求她和小朋友合画一幅画，让她和小朋友合作。

起初，甜甜不愿意做，但在我和老师的鼓励下，她总算开始行动。现在，曾经孤僻的甜甜已经能和小伙伴打成一片了。我看到了我活泼开朗的女儿。

## 2. 一出门就不说话
## ——警惕孩子的选择性缄默症

虎子长得很壮，尽管只有 5 岁，却十分懂事，经常提醒妈妈做菜之前要记得洗菜，经常要求爸爸在家不能抽烟、看完电视要关掉电源。

妈妈为自己能有这样一个“能干”“懂事”的孩子而欣慰。

遗憾的是，虎子在家像个小大人，可一出门，却完全换了个人。无论是在幼儿园吃饭，还是在公园里和小朋友一起玩，他和家里的“小大人”做派完全不同。他宁可独处一隅，也不愿意和小朋友一起玩耍，相当孤僻、不合群。

记得有一次，妈妈带他去阿姨家玩，出门前就问虎子：“见到阿姨、姨父，你该说什么啊?”

“要跟他们问好，说阿姨好、姨父好，见到小弟弟也要问好，还要跟他玩。不抢他的玩具……”虎子想都没想就脱口而出。

“对，虎子真乖。”

到了阿姨家。一开门，阿姨和姨父就对虎子说：“虎子好，快进来吧。”

“虎子，你该跟阿姨、姨父说什么啊？来之前我还问你了呢，你回答得可好了，还记得吗?”妈妈问虎子。

虎子一声不吭，低着头，小脸涨得通红。妈妈再三追问，虎子却还是一声不吭，最后竟然哭了起来。

“哎呀，行了，别为难虎子了，快进来吧。”虎子阿姨看不过去了，主动为虎子解围。

“哎，这孩子一出门就成了大姑娘，羞羞答答的。”妈妈很是无奈。

为什么虎子会这样呢？

**案例深度解析**

虎子在家喜欢说话，而且也说得很好，但出门就什么话都不说，喜欢用点头或者摇头来表示“同意”或者“不同意”。表面上看，这是孩子比较害羞、内向，但实际上，这却是“儿童选择性缄默症”典型表现。

“儿童选择性缄默症”是指已经获得语言能力的儿童，因精神、心理因素的影响而引发的某种行为。从心理学角度分析，这是一种心理障碍，较多地出现在3~5岁的孩子身上，一般女孩身上更常见。

有这种心理障碍的孩子多表现为在一定场合下讲话，而在另一种场合就不讲话，喜欢用做手势、点头、摇头等动作来表示自己的意见，或用“是”“不是”“要”“不要”等最简单的单词来回答问题。学会写字之后，偶尔也会用写字的方式来表达自己的意见。

有的孩子只对家人讲话，对陌生人就不讲话；有的孩子正好相反，在家里不讲话而在幼儿园里讲话、和自己的父母不讲话而和陌生人讲话……

为什么有的孩子会受到“儿童选择性缄默症”的影响呢？有以下几种原因：

（1）个性的影响。

很多父母也把“儿童选择性缄默症”的成因归为孩子胆小、不够大方。事实上，“儿童选择性缄默症”也与其他个性有关，如敏感、胆小、害羞、孤僻、脆弱、依赖性强等。孩子如果受到这些性格特征的影响，也容易患“儿童选择性缄默症”。

（2）负面环境效应。

孩子到了一个陌生的环境，或见了一个陌生人，很容易产生紧张的情绪。特别是当父母要求他“打招呼”“听话”“懂礼貌”的时候，这种紧张的情绪会增加，甚至因为父母“不许哭”的命令而不敢发泄，压抑在心里。久而久之，也就变得孤僻、不爱说话了。

（3）有过情感挫折经历。

有些孩子之所以有“儿童选择性缄默症”，可能是因为早年有些不好的感情经历，比如父母经常吵架或分居、离异等。这些原因都有可能刺激孩子的心理，让他们变得孤僻、不爱说话。

**心理学家支招**

在我们身边，有很多孩子患有“儿童选择性缄默症”。如果带这类孩子去医院检查就会发现，他们的发音器官、听觉器官都无器质性损害，智力发育也无异常。所以，这种病症不是生理疾病，而是心理障碍。

由于选择性缄默的成因比较复杂，因而，父母不能对孩子采取简单粗暴的方法，如带孩子去人多的场合，强迫他和人打招呼。这样会使孩子的紧张情绪进一步加重，甚至出现“反抗心理”。

那么，当孩子出现“儿童选择性缄默症”的时候，父母该从哪些方面进行引导，才是正确有效的呢？心理专家给出了以下几个建议：

（1）爱抚效应。

心理学家告诉我们，生理上的触摸能缓解孩子心理上的紧张。所以，在生活中，特别是带孩子去陌生的场合时，父母可以有意识地拉拉孩子的手，摸摸头，这样就能让孩子多一些安全感，少一些紧张情绪，从而有利于帮孩子纠正“儿童选择性缄默症”。

（2）多与孩子沟通。

父母最好每天都抽出一定的时间和孩子进行交谈，并允许孩子不说话。当然，如果他愿意交流，更不应限制他。这样可以让孩子在一个压力相对较小的氛围下练习交往。

（3）激励效应。

父母应该激发孩子的主动表现欲望，这样可以让孩子感受到自身能力被他人赞赏，增强自信心和表现自我的能力。比如，父母可以在周末带孩子到小朋友聚集的地方去玩，并鼓励孩子主动与陌生人交流。孩子表现好，要给孩子一个奖品。

**他山之石**

父亲姓名：陈鹏

职业：销售主管

儿子姓名：左左，5岁

我儿子左左在家活泼可爱，可一出门就不爱说话了。即便是到乡下的爷爷奶奶、姥姥姥爷家也会很沉闷。邻居家的孩子来找左左玩，左左也不说话。这让那些小朋友搞不明白，为什么左左这样？

面对他们的疑问，我总是以“他可能心情不好”“他累了”等理由解释。可一次两次可以，次数多了，连我自己都不相信这些理由了。

怎么办哟？

在一位同事的指点下，我才知道，要想改变孩子孤僻、不合群的性格，最有效的办法就是多带孩子出去转转，让孩子多和别人交流，还要通过爱抚缓解孩子心理上的紧张。

这还不简单？

之后，每周末加班时，我都会把左左带在身边。和顾客聊天时我也带着他。一边用手摸着他的头，一边向别人介绍他。一些顾客见到他也会主动和他说话。刚开始，他总是扭扭捏捏，后来就变得大方多了。有一次，我在给顾客介绍商品时说错了价格，他还主动开口帮我纠正，得到了顾客的赞美，左左特别高兴，回家话更多了。

看到他的改变，我非常高兴。后来，我又教他如何主动和顾客讲话。如果遇到带小孩的顾客，我也鼓励他主动和小朋友说“你好”，如果他不愿意，我也不勉强。果然，在我带他上班三个月后，他已经十分开朗了，成了商场里的开心果。

## 3. 铭轩喜欢一个人玩
## ——孩子性格孤僻怎么办？

铭轩是个挺乖的孩子，很讨人喜欢，街坊邻居有事没事都喜欢逗他玩。可铭轩总是喜欢一个人玩，不愿意和小朋友做游戏，也不愿意分享自己的玩具、零食。无论在公园，还是在家里，都是如此。

记得有一次，铭轩妈妈的同事带着她4岁的孩子多多来家里做客。妈妈以为铭轩看到多多会很高兴，但当多多进门和他打招呼的时候，他竟然看都没看多多一眼。在妈妈的催促下，铭轩才勉强地拉了一下多多的手。不过，他很快就一个人躲进自己的小房间里，不再出来了。

"这孩子，真是的，一点都不懂得礼貌。"妈妈连忙道歉，"铭轩，你赶紧出来和多多玩啊，顺便把你的玩具都拿出来，你们一起玩，好不好?"

"不好。"铭轩在房间里大声说道。

"为什么?"

"不好就是不好，我不愿意和别人一起玩。"

"那你把玩具拿出来，让多多玩一下，行不行?"铭轩妈继续问道。

"不行。"从铭轩的话音里听出，他有些不耐烦。

"这孩子，怎么这样，我去拿点玩具出来。"铭轩妈说完就进去拿。

这下铭轩可不干了，夺回妈妈手里的玩具，大哭起来。

千哄万哄之下，铭轩终于止住了哭泣，一个人在客厅的角落里玩他的积木。多多想要一起玩，他就是不愿意，急了还挥舞着小手要打人。

多多便吵着要回家。多多妈妈见了也不好久留，就带着多多回家了。

“唉，这孩子怎么这么自私?”妈妈很无奈。

铭轩真的是自私吗?

**案例深度解析**

铭轩不愿意多多碰他的玩具，也不愿意和多多一起玩，即便是在自己的家里，也完全没有“小主人”的风范。他的行为已经超出了“自私”的范畴，而是孤僻的性格的一种外在表现。

从心理学的角度来说，性格孤僻是一种心理上的偏差。主要是指一种不能与别人保持正常关系、经常离群索居的心理状态。

性格孤僻的孩子一般为内向型的性格，除了沉默寡言、表情平淡外，最为主要的表现就是喜欢封闭自己的内心，常常独来独往，不愿与他人接触，待人冷漠，对周围的人常有厌烦、鄙视或戒备的心理。

那么，孩子孤僻的性格是受到哪些因素的影响而形成的呢?除了遗传因素之外，还有一些外在因素。

(1) 陌生环境效应。

这不仅是指到了一个陌生的地方，还包括见到陌生的人、遇到陌生的事，比如在外打工的父母突然把孩子带到城市、家里突然来了一个常住的陌生人、开始上幼儿园等。对于孩子来说，这些都属于陌生的环境。如果父母没有及时带孩子熟悉这些环境，就很容易让孩子变得孤僻、不合群。

(2) 肯定评价的缺乏。

很多父母喜欢随意批评、否定孩子，甚至在很多人面前指责、训斥孩子。表面上，孩子不会受到什么影响，实际上，孩子很可能因此而丧失自尊心和自信心，会感到自己很笨和行为不好，总认为自己什么都不会，谁都不如，从而一个人缩在一旁不敢出声、心情压抑。久而久之，这些孩子就会形成自卑孤僻的性格。

(3) 教养方法不当。

很多父母都不愿意让孩子做事，即便是最简单的端碗、扫地也不愿意让他们做，孩子只能在旁边看着。这种“不参与”的状态持续一段时间之后，孩子就会形成一种固定的思维模式：别人做事，自己只能看着，不能参与其中。显然，这也是导致孩子性格孤僻的原因之一。

## 心理学家支招

随着独生子女现象的严重和居住环境的闭塞，性格孤僻的孩子越来越多。有关数据统计，我国目前将近30万～50万的孩子都存在性格孤僻的问题。孤独症儿童的患病率已由1993年的万分之五上升至目前的万分之二十，增速很快，4～10岁的女孩身上尤为多见。

性格孤僻的孩子遇到事情，明显有胆小、退缩、懦弱的表现。因此，孤僻既不利于孩子良好个性的形成，也不利于孩子社会交际能力的发展。可见，如果家有性格孤僻的孩子，父母绝不能掉以轻心，一定要尽早进行引导。具体方法如下：

（1）扩大孩子的生活空间。

父母应让孩子从“自我”的小圈子走出来，让孩子多与邻居的孩子一起玩耍、游戏、生活。业余时间要带孩子到游乐园、动物园、公园去玩，带孩子去串门、走亲戚，增强其交往的需要与兴趣，缓解孤僻的性情。

（2）正面评价鼓励法。

当孩子在交往的过程中出现错误或失败时，父母不应斥责，应该给予正面的、中肯的评价，以此鼓励孩子。比如：“虽然你没有成功，但我仍要表扬你，因为你已经努力了。”“你只要再加把劲，一定会做得更好!”

（3）凡事让孩子自己做主。

一些父母带孩子去公园玩，都喜欢牵着孩子的手，以为是在保护孩子，但实际上却影响了孩子的独立性，“剥夺”了他与他人交往的机会。因此，父母要学会放手，让孩子自己决定是否参加活动。特别是对3～6岁的孩子，更要懂得这一点。

## 他山之石

母亲姓名：李丹妮

职业：广告策划

女儿姓名：妮妮，5岁

女儿妮妮是在4岁的时候变得不爱说话的。刚开始仅仅是不愿意和陌生人说话，现在除了我和他爸爸，基本上和谁都不说话，即便是爷爷奶奶、幼儿园老师、隔壁的小朋友。

在和周围的父母交流之后我才发现，原来妮妮已经出现了性格孤僻的情况，如果不及时引导纠正，很有可能会影响孩子的交际能力。

那么该怎么办呢？正巧妮妮的生日就要到了，我就同她商量："在你生日的时候，咱们请几个小朋友来家里好吗？"我还害怕她不同意，没想到她高兴地答应了。

在她生日那天，我为她准备了生日聚会，邀请了几个小朋友来家里，为她庆祝生日。

小朋友们都给妮妮带来了小礼物。妮妮很高兴。在我的提醒下，她才想起了要给小朋友分零食吃。因为第一次主动给小朋友们拿东西吃，有了小主人的感觉，妮妮感觉很新鲜。

我还让小朋友们一块唱生日歌，带着他们做丢手绢的游戏。因为是在家里，妮妮就有一种主动性，玩得特别高兴。

以后每隔一段时间，我都会把小朋友们请到家里陪妮妮玩，还经常带妮妮出去玩。

现在的妮妮已经不那么孤僻、不合群了。在幼儿园还能主动帮老师打扫教室。

## 4. 娜娜不愿参加集体活动
## ——纠正孩子的自闭型孤僻

娜娜是个4岁半的小女孩，乖巧伶俐，一双美丽的大眼睛忽闪忽闪的，让人看了就想上去亲近一下。

可就是这样一个人见人爱的小女孩，却表现得非常不活跃，对集体活动更是从不“赏脸”参与，情愿一人独自玩耍。

记得有一次，市里举办六一儿童节的歌舞比赛，娜娜所在的幼儿园也准备排练一个节目。这个节目需要9个小姑娘，班里也正好9个小姑娘。可当幼儿园老师邀请娜娜参加时，娜娜愣是没答应。

幼儿园老师打电话给父母，让父母帮忙做工作。可娜娜竟然哭了两天，最后都不愿意去幼儿园了。直到老师向她保证不再让她参加，她才作罢。那个节目不得不改成8个小姑娘和1个小男孩配合。

正因为这件事情，娜娜的妈妈才开始注意到娜娜的不合群的表现。

还有一次，幼儿园为了提高孩子的动手能力，专门组织孩子大扫除。说是大扫除，其实就是幼儿园阿姨在做，孩子们在看。可即便是这样的集体活动，娜娜也不愿意参加，最后跟幼儿园阿姨说自己肚子痛，要请假回家。

现在，娜娜的妈妈很着急，为什么娜娜这么不愿意参加集体活动呢？

**案例深度解析**

娜娜对集体活动达到近乎“恐惧”的地步，这是一种“自闭型”的性格孤僻，比一般意义上的性格孤僻更加严重。从心理学的角度来说，这是“自闭症”的前期表现。也就是我们所说的“假自闭”。

一般来说，“假自闭”型性格孤僻一般在3岁左右出现。如果父母没有积极进行引导，可能孩子一辈子都会如此。

为什么会出现“自闭型”性格孤僻的情况呢？心理专家认为，除了和孩子先天的性格有直接关系之外，还和孩子后天受到的教育、家庭气氛、出身背景、学习影响等有关：

（1）过度溺爱所致。

过度溺爱孩子，会导致孩子出现“自闭型”性格孤僻的情况。因为过分满足和保护孩子，会抑制孩子语言、行为的自然发展。比如，孩子的一个手势、一个眼神，父母就知道孩子要什么、想干什么，然后就满足他。这种过分关爱，让孩子不爱说话，从而影响了孩子表达能力的发展，从而影响其交际。

（2）“蛋壳”心理。

一些孩子的心理非常脆弱，遇事就哭闹，心理学上把这种心理称为“蛋壳”心理。受到这种心理的影响，孩子很容易因为害怕受到挫折而拒绝和别人交往，从而变得不爱去人多的场合，不爱参加集体活动。

（3）自卑心理的影响。

自卑心理过于严重也是孤僻的原因之一。他们总怕自己在人多的场合说不好话，做不好事，会让自己丢脸，会让爸妈丢脸，从而导致了孤僻的性格。

**心理学家支招**

“自闭型”性格孤僻的孩子，常有沉默不语、恐惧等行为出现，且容易被父母误认为是“害羞”“胆小”“内向”的表现。因而，父母如果发现孩子这种行为，一定不能掉以轻心。如果孩子不小心说错话、做错事，父母不要表现得太在意，否则就会让孩子觉得自己不受父母欢迎、自己太笨。时间长了就会孤僻，进而自闭。

如何引导孩子呢？

（1）提高孩子的认知水平。

3岁左右的孩子认知水平较低，他们根本不知道什么叫不合群，什么叫孤僻，也不知道这种性格会给自身带来什么坏影响。所以，父母可以通过讲故事的方式让孩子懂得孤僻、不合群的坏处，从而让孩子认识到合群的必要性。

（2）提高孩子的抗挫力。

要想远离“蛋壳”效应的影响，父母应该想方设法提高孩子的抗挫力。比如在做事之前引导孩子思考，如果不成功，会有什么样的情况出现，会有什么最坏的结果出现。当孩子有了预期心理之后，挫折感就不会那么强了。

（3）游戏法。

如果孩子不愿意自己参与群体游戏，父母可以亲身去参与，让孩子在一边看。父母一定要假装玩得特高兴、特开心，这样就可以让孩子对集体活动感兴趣。孩子习惯于群体游戏、能够从集体活动中体会到快乐之后，就会主动要求加入了。当然，这个时候，父母就要及时退出，不要让孩子产生过度的依赖心理，否则就会得不偿失。

**他山之石**

母亲姓名：木子

职业：营销策划

女儿姓名：晶晶，4岁

我的女儿晶晶今年4岁，她很不爱说话，也不太喜欢和小伙伴一起玩耍、做游戏，经常一个人躲在角落发呆。

“这孩子是怎么了？”在一次我看到晶晶一个人发呆之后，我真的被吓到了，连忙问晶晶她爸。

“是不是受什么委屈了，你今天没有说她吧？”晶晶爸看着我问道。

“没有啊，我这不也是刚下班回来吗？”我觉得很奇怪，但直觉告诉我，晶晶肯定哪里出问题了。

第二天，我就跑到一个儿童心理咨询室进行咨询，结果得知，晶晶可能出现了“假自闭”，如果不进行及时的引导，就会出现“自闭心理”。

“那该怎么办啊?”我问心理咨询师。

“晶晶的情况还不是非常严重，可以通过带着孩子进入群体游戏的方法来改正。”

此后，我就对晶晶多关注了，一有时间就陪她玩。比如“老鹰捉小鸡”的游戏，我当“老鹰”，她当“母鸡”，小鸡当然要小朋友参与了。这时，我就鼓励晶晶去邀请小朋友。

为了能够完成这个游戏，晶晶不得不去邀请小朋友。后来，我还会在公园组织小朋友表演节目，评比第一名。小朋友们都很有表演欲，全情投入。晶晶也有了表演的机会，开始主动参与进来。

有一次，我在公园里给晶晶讲故事，刚想讲结尾，旁边的一个小朋友就把结果说了出来。受到这件事的启发，我以后再在公园讲故事，就会找一些小朋友来参加。我讲故事的开头，故意让小朋友们接着讲，看谁能讲出来。没想到效果非常好，小朋友们都争着讲，晶晶也不示弱，气氛可热烈了。一来二去，晶晶的“自闭型”性格孤僻也就不存在了。

## 5. 邹唐觉得同伴幼稚
## ——帮孩子克服狂傲心理

邹唐今年4岁，是个非常聪明、勤奋的孩子。尽管刚上幼儿园中班，却已获得了很多大红花，表彰他“口算”“讲卫生”“懂礼貌”“帮助老师”等。几乎每个到邹唐家来做客的人都会称赞邹唐。

可能也就因为这一个原因，邹唐总觉得自己是世界上最厉害的孩子，越来越骄傲，不愿意和周围的小朋友一起玩。小朋友主动和他打招呼，他也不愿答理。

记得有一次，邹唐和妈妈去买书，碰到了同一个幼儿园的小朋友启明。

启明是一个非常开朗的小男孩，一见到邹唐也在选小人书，便主动和他打招呼：“邹唐，你也在啊，让我看看你买了什么书。”说着朝邹唐走来。

“快让小朋友看看，你买了什么书。”

邹唐却很不耐烦，一句话没说就走了，撇下启明一个人站在那里，不知道该怎么办。

“启明，给，这是阿姨刚买的苹果。”无奈之下，邹唐妈不得不和启明打圆场。

启明拿着苹果走开了。

“你为什么不和启明说话啊?”回家的路上，邹唐妈妈问邹唐。

“不想说，我就是不想答理他。他经常被老师批评，画也画不好，数也不会数，我干吗要理他?”邹唐不屑一顾地说。

“你这孩子，小小年纪，怎么这么‘势利眼’、不懂事啊?”邹唐妈觉得很奇怪。

邹唐是因为不懂事吗?

**案例深度解析**

邹唐不愿意答理启明，是因为他觉得启明是一个经常被老师批评、学习成绩不好的孩子。这并不是因为邹唐不懂事，而是他已经有了狂傲心理。

现代社会，由于父母溺爱等原因，有狂傲心理的孩子越来越多。据调查结果显示，3～10 岁的孩子，将近 70%都有一定的狂傲心理，其中 40%狂傲心理比较明显。

有狂傲心理的孩子不愿意教小朋友做作业、不愿意把自己的东西借给小朋友等。总而言之，有了狂傲心理的孩子就像一只刺猬，不愿让任何人靠近。

狂傲心理如何出现的呢？总的来说有以下几点：

（1）过度夸赞。

在孩子的成长过程中，要想提高孩子的自信心，缺少夸赞是不合适的。不过父母也应该意识到，夸赞并不是越多越好。过度的夸赞会让孩子觉得自己了不起、飘飘然，把自己和别人分隔开来。而且，过度的夸赞很容易让孩子变得骄傲自满、看不起别人，逐渐也就形成了“狂傲”的心理。

（2）负面模仿心理影响。

如果孩子所处的家庭当中，有人有排外心理，也会让孩子负面模仿。比如父母常说：“他有什么了不起的?”“我和他不是一伙的!”“我才不跟他那种人交往呢。”孩子很有可能把这些话默记在心里，并运用到自己的人际交往中。

（3）不良竞争意识的影响。

不良竞争意识是指社会、影视剧带给孩子的错误引导。比如很多影视剧中盲目引导孩子“争第一”“我就是最棒的”，故意渲染一种竞争的气氛，使孩子无法在一种和谐、安静的心态下和小朋友交往。他们心目中，所有的小朋友都是自己的对手，不是自己的伙伴。

## 心理学家支招

从某种意义上来说，狂傲心理是一种不良心理，当一个孩子有了狂傲心理之后，就会自大。不管自己在这个方面是不是真的优秀，都会看不起别人。如果不加以引导，狂傲心理最易演变为忌妒心，对孩子健康心理的成长极为不利。

有狂傲心理的孩子总认为不如自己的人就没有资格和自己游戏、做朋友、说话。在他心目中，成绩和老师的赞美是衡量别人有没有资格和自己交际的标准。久而久之，这些孩子将会失去朋友，最后就会变得孤僻、清高，没有人再愿意和他一起玩。

当孩子出现这种心理的时候，父母该如何引导呢?

(1) 给孩子客观的评价。

父母在评价孩子的时候一定要客观、公正，不能空洞地称赞他。比如"你真是一个好孩子""你太棒了""你比谁都厉害"。在称赞他时，一定要让他知道为什么要称赞他。比如"你帮助了小朋友，这一点你做得很好""你对老师很有礼貌，真是一个乖孩子"等。

(2) 帮孩子寻找差距。

孩子之所以存在狂傲心理，很有可能是没有意识到或找到自己和别人之间的差距。就像案例中的邹唐，总觉得自己比小朋友启明成绩好，自己能得到老师的大红花，却没有意识到在某些方面自己不如启明。

(3) 让孩子多与心态平和的孩子交往。

发现孩子有狂傲心理，父母可以多让孩子与心态平和的孩子交往，因为孩子之间比较容易交流、沟通。沟通时间长了，孩子自然就会找到一个合适的标杆。这样既能找到彼此之间的差距，又能让孩子更快地融入到集体当中。

## 他山之石

母亲姓名：李丽

职业：公司出纳

儿子姓名：旦旦，4 岁半

旦旦上幼儿园后就变得非常“狂傲”，无论说话还是做事，总是一副“天下我最大”的样子。可能正是因为这个原因，他不爱和小朋友来往。

有一次，我去幼儿园接他，看到很多小朋友都和自己的伙伴有说有笑，只有旦旦一个人傻站在那里。我问他在幼儿园的好朋友是谁，他竟然一个名字也没说出来。原来儿子在幼儿园一个玩伴都没有。

我很着急，孩子没朋友怎么行?

“哎，他‘狂傲’的脾气是该改改了，这对他以后的发展很不利啊。”旦旦爸爸也很担心。

“那该怎么办啊?”我问。

“这样吧，你在幼儿园找一个比较优秀的孩子，给咱儿子当榜样吧，让他也知道自己和别人之间的差距。”旦旦爸给我出了一个主意。

“好，就这么办。”

第二天，我找老师了解了孩子们的情况，最后把眼光锁定在一个孩子身上。这个小孩各方面都不错，大方、讲道理、爱干净、老师评价好、父母儒雅，而且他家离我们家很近。于是，我和那孩子的父母商量好，每天让他和旦旦同路。

孩子之间很容易相处好，没几天，旦旦就和那个小孩子成了好玩伴。我又引导旦旦寻找自己和那个孩子之间的差距。旦旦也慢慢意识到自己以前的很多做法是错误的，并答应要改正。

最后，在那位小朋友的带动下，旦旦的小伙伴从一个发展为两个、三个，最后融入到了集体中。更重要的是，旦旦身上“狂傲”的毛病不见了，每天回来都和我说“谁谁谁在什么方面做得很好，我要努力”。

听到孩子这样的话，作为母亲，我还有什么理由不高兴?

## 6. 彬彬总欺负小妹妹
## ——孩子欺软怕硬，怎么办？

彬彬的妈妈和隔壁的阿姨要出差，就让儿子彬彬和阿姨家的小妹妹住在一起，请保姆照顾。

刚开始，彬彬和小妹妹相处得可以，后来就喜欢欺负小妹妹了。看到小妹妹手里的零食，他就会跑过去一把抢过来，尽管自己不想吃；看到小妹妹手里的玩具，他也会野蛮地抢过来，尽管这个玩具可能就是自己刚刚不想玩扔掉的。

几乎每天都能听到小妹妹哇哇大哭的声音，甚至有些时候彬彬还用手抓小妹妹。

记得有一次，保姆问彬彬要不要吃午饭，彬彬说不吃。保姆又问小妹妹，小妹妹说要吃火腿肠。彬彬就对着小妹妹喊道："不许你吃火腿肠。"

小妹妹说："我就是要吃，火腿肠又不是你妈妈买的。"

没想到，小妹妹吃的时候，彬彬愣是硬生生地把碗夺走，把里面的火腿肠倒进了垃圾桶，一副"我不吃谁也不能吃"的霸道样子。

为什么彬彬这么喜欢欺负小妹妹？他难道是个蛮横的人吗？据小保姆介绍，情况并不是如此。彬彬在外面并没有这么霸道。他看到一些年龄比他大一点的孩子就表现得很内向。别人抢他玩具，他也不敢吭声，吃他零食，他还会双手奉送。

彬彬为什么会这样呢？

**案例深度解析**

彬彬喜欢欺负小妹妹，在外面却不敢对比自己大的孩子怎么样，这是典型的“欺软怕硬”心理。

何谓“欺软怕硬”呢？“欺软怕硬”是孩子因个性或教养方法不当而引发的一种不良行为，即用不同的态度和方法对待不同的人。

通常，孩子3岁以后容易出现这种心理，0～2岁的孩子身上则比较少。

为什么会这样呢？

心理学家认为，不同年龄的孩子有不同的游戏特点。比如1岁多的孩子还不太会与其他孩子共同玩耍，所以他们多数情况都喜欢一个人玩。有时尽管几个孩子在一起，也都是各玩各的，互不相干。心理学上称为“平行游戏”阶段。

到了3岁以后，就开始进入“交叉游戏”的阶段。几个年龄相仿的孩子在一起玩耍时就会出现“交换”“抢夺”“占有”玩具等情况。在这个过程中，“欺软怕硬”的现象也就容易出现了。

除了孩子自身的影响之外，是不是还有其他因素的影响呢？心理学家认为，以下几个方面比较容易给孩子造成影响。

(1) 教育方式有问题。

在很多家庭当中，父母都喜欢用“分工”式的教育方式来教育孩子，比如父亲进行“严教育”，母亲实行“宽教育”，父亲打骂母亲哄。这种一惩一纵、一严一松的教育方式很容易使孩子在家里只怕一个人，只听一个人的话。当父亲在家的时候，他会安分守己，乖巧得很，一旦只有妈妈在家，他就会我行我素，甚至无法无天。长此以往，这些孩子就会变得“欺软怕硬”，使用不同的态度和方法对待不同的人。

(2) 与他成长的经历有关。

孩子被大孩子欺负，无奈之下不得不屈服。而当他遇到比自己小或比自己弱的孩子时，必然就会把对大孩子的不满情绪发泄在比自己小的孩子身上。如果小孩子屈服了，孩子就会有这样的经验，比自己厉害的就不要惹，比自己软弱的就可以欺负。

**心理学家支招**

你的孩子爱“欺软怕硬”吗？有这种心理的孩子一般见到小朋友就不友好、蛮不讲理、盛气凌人，而一见到大孩子就不敢吱声了。当父母发现孩子有这种畏强欺弱的情形时，要及时引导，让他从这个怪圈里走出来。

父母该如何进行引导呢？

（1）利用“共情”效应。

所谓“共情”效应，是指让孩子站在别人的角度来考虑问题，让他体会被他欺负的小弟弟、小妹妹的情绪。当孩子欺负比自己弱小的孩子时，通常只会考虑到自己的感受，几乎没有想到对方也会难过、伤心甚至痛苦。这个时候，父母就可以通过和孩子玩“角色换位”游戏，让孩子明白，你抢弟弟妹妹的玩具，弟弟妹妹是会伤心难过的，就像你的玩具被别人抢走了也会哭一样。别的孩子欺负你是不对的，你欺负别人也是不对的。慢慢就能引导孩子理解弱小、怜爱弱小，继而关心弱小。

（2）教孩子一些应对“强者”的技巧。

要想改变“欺软怕硬”的心理，仅仅让孩子懂得弱小者的感受是不够的，关键还要提高孩子应对“强者”的技巧。平时，父母可教给孩子一些应对的技巧，比如不要别人说什么就听什么；在遭遇别的孩子欺负时，要大声喊叫，引起大人的注意；学着和别人协商、彼此分享。

（3）给孩子积极的评价。

很多孩子之所以喜欢欺负比自己小的孩子，原因是他想证明自己的强大。但他的强大在遇到更强大的孩子时就会退缩。他越退缩，就越会在弱者身上补回来。这样一来，就落入了恶性循环之中。所以，父母要适当地肯定孩子，经常告诉孩子“你是勇敢的”。这样就会满足孩子的强大欲，避免他因想要在弱者身上获得补偿而导致欺软情形出现。

**他山之石**

母亲姓名：欧阳林

职业：杂志编辑

儿子姓名：琪琪，4 岁半

一天早上，我刚到公司没多久，幼儿园的老师就给我打来了电话："豆豆在幼儿园里又打了一个小姑娘。这次打得更严重，把小姑娘的鼻血都打出来了。"

其实，从上幼儿园开始，豆豆已经不止一次打小弟弟、小妹妹了，亲戚家的孩子都被豆豆打哭过。但一见班上那个霸道的孩子就怂了，人家抢他的玩具、打他，他都不敢回手。可一看到班上的小姑娘，他就会吐口水、拧她的脸，还串通其他的小朋友一起欺负她。

那天就是这种情况，那个霸道的孩子抢了他的玩具，他就去抢小姑娘的玩具。小姑娘不给，他就一拳打过去，把她的鼻子打出了血。

"豆豆其实没有什么大问题，就是有点欺软怕硬。"幼儿园的老师跟我说。

"看来是的，可是该怎么解决呢？"对于豆豆的这种行为，我也很郁闷。我既不希望自己的儿子被别的孩子欺负，也不想让他欺负别的孩子。

"这得慢慢来，比如，你得告诉豆豆该如何对付大孩子的欺负，也要告诉他小姑娘被他欺负了是什么样的感受，最重要的是要提高他的自信心。我觉得豆豆欺软怕硬和他有点自卑有关……"

"与自卑有关？"

带着豆豆，我一路走，一路想，快到家时，我问豆豆："你的玩具被那个大孩子抢走，你是不是很愤怒？很伤心？"豆豆看了看我，点了点头。然后我又对他说："那你知不知道，那个小姑娘被你欺负，她也很伤心？就像你的玩具被人抢了一样。"豆豆又看了看我，点了点头。

"那你下次能不能不欺负小姑娘了？"我乘机问道，这一次，豆豆没有说话。我知道，他已经明白自己不对了，便又对他说："如果下次那个大孩子再欺负你的时候，你可以去和老师说，或者让你的好朋友帮你，不让他抢你的东西。如果老师不在，你可以大声喊叫，让同学都知道他要欺负你，那样他就不敢了。”

“嗯！”那天之后，我也开始注重对豆豆的肯定和赞美，千方百计改变他的“欺软怕硬”。

工夫不负有心人，一年之后，豆豆“欺软怕硬”的行为有了很大改观。有一次，那个霸道孩子想要欺负小姑娘的时候，豆豆竟然还站出来去帮助那个小姑娘。

## 7. 别人玩时总捣乱
## ——合理引导孩子的捣乱行为

周末，妈妈带着依依去商场购物。商场里有一个游乐场，很多小孩都在玩。妈妈看到邻居也带着她儿子林林在里面玩，就说："正好，让这两个孩子一起玩吧！"

"是啊，我们也好休息一下，聊聊天。"邻居很乐意。

在她们聊天的时候，妈妈却发现依依并没有和林林一起玩，而是一个人站在那里看着他和另外的小朋友在玩。

依依妈妈正觉奇怪，却见依依走过去，把林林搭好的积木一把推倒，随之踢得老远，差点打到别人。林林当时就哭了起来。

"依依，你怎么能这样呢？赶紧给我出来。"妈妈很生气，把依依从游乐场里抱出来，不让她进去玩。

可没过多久，依依从旁边捡起一个玩具球，扔在了林林他们搭起的积木上。哭声再次响起……

"这孩子，怎么这么调皮呢？一个女孩子，怎么跟男孩一样调皮？"依依的妈妈很无奈。

**案例深度解析**

依依不愿和林林玩，可看到林林和其他小朋友玩，就故意跑过去把他们搭好的积木推翻。一次这样，两次这样，如果有第三次，估计依依还会去做。很显然，依依是在捣乱。从心理学的角度来说，捣乱，也是孤僻心理的一种表现。

其实，孩子的捣乱行为并不少见。3 ~ 5 岁的孩子身上更是常见，具体表现为喜欢搞破坏，对着干，不让别人好好玩，让他和别人一起玩他又不愿意等。很多父母觉得孩子这是调皮，但心理学家认为，如果孩子长时间处在“捣乱”心理的控制之下，性格就会变得越来越孤僻，不合群现象也会越来越严重，很有可能出现自闭倾向。

孩子这种“捣乱”心理是如何出现的呢?

(1) 补偿心理。

孩子最希望得到父母的关注，一旦他们的需求无法满足，就会制造一些“动静”出来。如“捣乱”。现代的父母一般工作很忙，与孩子相处的时间很少。所以父母在家的时候，孩子就会想方设法吸引父母的注意力，比如做鬼脸、唱歌、吵闹、扔东西、跳来跳去，甚至给别的小朋友“捣乱”。本文中的依依就是因为母亲和别人聊天，没有关注到她，所以通过这种方式引起周围人的注意。

(2) 发泄不良情绪。

有些孩子想占有某些东西却无法如愿，心里不高兴，就会以“破坏”“捣乱”的方式让占有这些东西的人同样无法享受。比如在幼儿园，有些孩子就想让老师只关注自己，当老师把注意力放在另外的孩子身上时，他可能就会用“诬告”“打架”“责骂”的方式让那个孩子无法享受老师的关怀。

(3) 忌妒心太强。

忌妒心强也是导致孩子喜欢捣乱的重要原因之一，比如看到别的小孩积木搭得比他搭得好，就过去踢一脚；听别人唱歌比他唱得好听，就过去推别人一把……他们这么做的目的，无非就是不让别人把自己比下去，让自己颜面扫地。

## 心理学家支招

很显然，喜欢捣乱的孩子不讨人喜欢。捣乱是一种心理上的障碍，如果不及时进行引导，很有可能会出现心理疾病。面对这种情况，父母应该意识到问题的严重性，并及时采取措施，否则将会给孩子的未来生活带来很大的负面影响。

具体该使用哪些措施来纠正呢?

（1）多关心孩子。

如果你的孩子捣乱是因为缺乏关注，那么父母应该多关心孩子，比如多和孩子聊天，遇事多问问孩子的意见，有时间多陪陪他。很多父母经常出差、应酬，和孩子待在一起的时间很短。所以更要抓住机会和孩子交流，让他知道你一直在关注着他。

（2）培养孩子的共享意识。

由于父母的溺爱，孩子行事以自我为中心，很少有共享意识，看见别人有自己没有的，就想占为己有。如果无法得逞，就会捣乱。如果你的孩子属于这种情况，就应该帮孩子学会共享。比如有好东西吃的时候，不要让他全部吃完，提醒他要给他人留点；有好玩的玩具也不能给他一个人玩，告诉他要和小伙伴一起玩，否则就没收。

（3）教孩子学会欣赏。

欣赏别人就是看到别人的长处，并肯定这些长处。如果孩子不懂欣赏，就会忌妒。父母在引导的时候可以使用类似的话语，比如“你看看他的积木搭得是不是比较稳”“他在对待老师的时候是不是更加礼貌”“他是不是更容易和小朋友分享玩具”等。

**他山之石**

父亲姓名：元岗

职业：铁路职工

儿子姓名：元元，5 岁

我是一名铁路职工，爱人是邮递员，每天工作都很忙，所以就把儿子元元寄放在他爷爷奶奶家，让爷爷奶奶和保姆照看。去年元元还是一个非常听话的孩子，虽然有些文静，但至少不调皮，能和周围的小朋友玩到一起去。

今年他 5 岁了，最近一段时间，他的行为让人觉得有些奇怪，总是喜欢看别人玩，然后乘机去捣乱。比如把别人的玩具偷偷藏起来、故意推搡别人、躲在背后吓唬别人等，好几次都把邻居小朋友吓哭了。尽管爷爷警告多次，却无济于事。

“这孩子到底怎么了？”有一天我和我的同事聊到了这个问题。

“我估计你的孩子是缺少关注了。他这么做，无非就是想引起你们的注意。你可以试着多关心他，看会不会好点。另外，叫他的爷爷奶奶也多花点时间陪他，不要只让保姆一个人和他玩。”听了同事的话，我觉得有点道理。

第二天正好休息，我推掉了应酬，带元元去了他一直想去的动物园。在动物园看到一只羚羊孤零零地站在一个角落，我就随口说出：“这只羚羊真孤单啊。”没想到，元元点了点头，说了句：“是的，就像我一样。”

听了孩子的这句话，我内心很不舒服。不过这也证实了同事的话有道理。

意识到这一点后，我和妻子商量好，每周末都必须有一个人来陪他，如果两个人都没时间，就另找一天带他玩。总之不能让孩子连续一个星期见不到自己的父母。

我发现元元渐渐变乖了，捣乱的行为也在慢慢减少。那个乖巧、文静的元元又回来了。

## 8. 一点小事就打架
## ——引导冲突型宝宝

最近，丁丁的妈妈很苦恼，丁丁越来越不听话了，而且还很“好斗”，动不动就要和别人动手，哪怕是一丁点儿的小事，也要“动胳膊动腿”。

记得有一次，妈妈带丁丁去幼儿园。一个小朋友从里面跑出来，一不小心撞到了丁丁，那个小朋友的速度并不快，丁丁也没被撞倒，更不用说受伤了。

那个小朋友连忙向丁丁道歉。别人都以为丁丁会说“没关系”。可他没有，伸手就把那个小朋友推倒在地，那个小朋友顿时哇哇大哭起来。

老师赶过来，了解了事情的经过，就要求丁丁向那个小朋友道歉。丁丁的妈妈也觉得丁丁不对，同样要求丁丁跟那个小朋友说对不起。丁丁只好勉强向那个小朋友道了歉。

可是后来，丁丁一直都在找那个小朋友的荐儿，一副很不服气的样子。

丁丁还总和小朋友发生冲突。本来玩得好好的，就因为一些小事，要么把别人推倒在地，要么自己哇哇大哭。幼儿园的小朋友都不愿意和他玩。这样一来，本就不合群的丁丁更不合群了。

丁丁的妈妈很烦恼，不知道该怎么办才好。

**案例深度解析**

丁丁很容易因为一些小事和小朋友发生冲突。父母觉得这是孩子脾气过于暴躁的原因，实际上不然，这是孩子有“冲突型”心理的一种表现。

其实，我们身边有很多这样的孩子。比如有的孩子喜欢对着别人大喊大叫，有的喜欢挡住小朋友的去路，有的故意抢走别人的零食，有的把别人的鞋子扔进垃圾桶，还有的用鞭炮吓唬别人。当然，这种冲突不仅仅与小朋友，与大人也是如此，如与父母顶嘴、吵架，都属于这种冲突的表现。

通常，孩子3岁以后，这种“冲突型”的表现越来越多，5~7岁达到顶峰。8岁以后，孩子就会慢慢懂事，“冲突型”的表现也会慢慢变少。

那么，孩子身上的这种心理是如何出现的呢?

(1) 受对抗的家庭氛围的影响。

很多家庭的整体氛围并不是很好，比如父母之间经常吵架、父母和爷爷奶奶之间关系不好、父母离异、邻里关系很僵等。这些都会给孩子带来不利的影响，让孩子养成一种不好的习惯，遇到问题，需要用冲突、对抗的方式来解决。而当他和小朋友之间产生矛盾时，自然就会用这种方式来解决。久而久之，也会对矛盾特别敏感。

(2) 不安全感因素的困扰。

孩子欺负别人常常是因为他心中有不痛快或不安全感，比如害怕别人抢走自己的玩具、害怕老师责骂自己、害怕妈妈会离开自己。遗憾的是，很多父母并没有意识到这一点，在孩子和别人产生冲突之后，单纯地责骂孩子，这反而加重了孩子内心的不安全感，冲突就会变本加厉，形成一个恶性循环。

(3) 父母的过分保护。

当孩子与周围小朋友发生冲突时，很多父母明显偏袒自己的孩子，给孩子过分的保护。这样一来，孩子就会觉得自己“有靠山”“出了事情父母会解决”，从而肆无忌惮，加大自己和周围人之间的冲突。

## 心理学家支招

据统计，近几年，因为独生子女的普及，父母对孩子的溺爱，导致有“冲突型”心理的孩子越来越多。这些孩子经常为一些小事和小朋友发生冲突，动手打架。如果你的孩子属于这种类型，你就需要多花点工夫帮他纠正不良心理了。

要知道，“冲突型”心理不仅会让孩子被周围的伙伴排斥，影响其交际能力的发展，还会像案例中的丁丁一样越来越不合群，越来越孤僻。这对孩子的心理健康非常不利。

为此，心理专家提出警告，必须尽早对这些孩子的心理进行引导和纠正，否则后患无穷。如何帮孩子远离“冲突型”不良心理呢？

（1）引导孩子积极思考。

当孩子出现“冲突事件”时，父母应该引导孩子进行积极的思考，这件事我错在什么地方、对在什么地方，下一次应该怎么做比较好等。引导孩子学会思考、提高其正确分析、独立解决问题的能力非常重要。引导孩子时，语气一定要温和。

（2）给予关心法。

当你的孩子“没有安全感”时，父母要给予更多的关心和关注。比如利用一些机会给孩子买个玩具、带孩子去吃一顿大餐、带孩子出去旅游。让孩子知道，尽管父母工作很忙，但还是爱你的。

（3）情绪发泄法。

当孩子因为和小朋友产生冲突而情绪不佳的时候，父母应该引导孩子把这种情绪发泄出来。可以带孩子去跑步，也可以引导孩子正确面对自己的错误，站在他人角度思考，学习体会别人的情绪并承担后果，比如道歉、弥补等。

## 他山之石

父亲姓名：任朝

职业：人力资源主管

儿子姓名：当当，5岁

我的儿子当当今年5岁，原本挺乖的孩子却在最近几个月里变得很调皮，不是和他的爷爷奶奶顶嘴，就是和幼儿园的小朋友打架。有一次，他做错了事，他妈说了他几句，他竟然赌气一晚上没吃饭，甚至连着几天都不和他妈说话。

这种脾气让我很难接受，小小年纪，这么下去那还了得？就在我寻找方法来“整治”孩子的时候，又发生了一件事情，让我更加难以接受。

那天，他在幼儿园吃饭，坐他旁边的小朋友不小心把一粒米饭掉在他的鞋上。那个小孩正准备蹲下去把米饭捡起来，当当竟然把一整碗米饭倒在了那个小孩头上。那个孩子马上就哭了起来。幸亏米饭不是很烫，不然后果不堪设想。

事后，幼儿园的老师批评了当当几句。当当不仅不道歉，还认为老师偏心，一气之下就把放玩具的箱子掀翻了，玩具撒了一地。

晚上回家，我真的想揍他一顿，可一想我们平时由于工作忙，很少陪他，就强忍心中怒火和他讲道理，告诉他自己错在哪里、下次再遇到类似的事该怎么处理。最后，我还因为平时陪他时间少向他道了歉，并承诺，下次如果有时间休息，一定带他出去旅游。

听到我的道歉和承诺，当当脸上露出了难得的微笑。睡觉之前，他偷偷告诉我：“爸爸，我知道自己错了，我下次一定改。”

听了当当的话，我觉得自己没有发火是明智之举。

尽管此后当当还是表现得有些“抵抗”，但激烈程度明显下降，次数也越来越少。而且每次“对抗”之后，都会主动承认错误。

当当正在正确的路上前进着。

# Part 6

# 帮助自卑的“丑小鸭”

俗话说得好，自信决定能力。如果一个孩子不够自信，即便再有能力也很难发挥得好。相反，如果一个孩子足够自信，就容易挖掘自身潜力。面对不够自信的孩子，父母不能只是着急，要懂得寻找方法来帮助孩子克服自卑、找回自信，让“丑小鸭”变身美丽的“白天鹅”。

## 宝宝自信度测试

一个孩子自信与否，会在一些细节上表现出来，但父母可能没有观察得那么仔细。不要紧，如果你现在还无法确定自己的孩子是否足够自信，不妨来做一套测试题：

1.遇到事情的时候,你的孩子敢自己拿主意吗?

A.敢　　　　B.不敢

2.你的孩子会拒绝交朋友、不愿意和别人交谈吗?

A.不会　　　B.会

3.你的孩子在遭遇挫折之后会自暴自弃吗?

A.不会　　　B.会

4.你孩子觉得自己身上有缺陷(比如胖、矮)吗?

A.没有　　　B.有

5.你的孩子常说类似"我不能""不行""不敢"的话吗?

A.不经常　　B.经常

6.你的孩子敢在大庭广众面前表现自己吗?

A.敢　　　　B.不敢

7.作为父母,你觉得自己足够信任孩子吗?

A.足够　　　B.不够

8.你或其他家人经常肯定孩子吗?

A.是的　　　B.不是

现在，请统计你的选项以及测试结果：

"自卑型"孩子：测试答案中，当A项出现1~2次时，意味着你的孩子自卑心理比较严重。他不相信自己能够做得更好，害怕新鲜事物，害怕在陌生人面前表现自己、害怕别人说自己不好……总之，在这些孩子的心目中，就没有自己会做、敢做的。

"怀疑型"孩子：测试答案中，当A项出现3~5次时，意味着你的孩子有一定的自卑心理，或在某些方面比较自卑。比如人际交往、学习、尝试新鲜事物等。尽管这种自卑并不是特别严重，但父母也不能掉以轻心。

“自信型”孩子：测试答案中，当 A 项出现 6 ~ 8 次时，意味着你的孩子信心满满，基本上没有自卑心理。即便出现，也能很快克服。作为父母，你暂时不用担心这个问题。

## 1. 凌萱喜欢说“不行”
## ——警惕幼儿自我不认同

“凌萱，妈妈明天带你去公园玩，你和其他小朋友一样在那里跳舞给妈妈看，好不好?”凌萱妈妈问道。

“不行，妈妈，不行。”凌萱当即拒绝，语气之坚决，没有任何商量的余地。

“为什么？你上次在家跳得不是很好嘛?”

“不行，我怕跳不好。”

“凌萱，妈妈上次教你的诗歌，现在背给你叔叔听一下，行不行?”

“不行，妈妈，不行，我还没背会呢。”凌萱又拒绝了妈妈。

……

“不行、不行”，这是4岁小姑娘凌萱最常说的一句话。不管这件事她是不是能做，是不是能够做好，她的第一反应就是拒绝，脱口就是“不行”。

其实很多事情，凌萱不仅能做，而且还能做得很好。就拿背诗歌来说，凌萱妈妈教给她的10首唐诗，她早就背得滚瓜烂熟了，即便是默写也没问题。可是，要她在别人面前背诵或者默写的话，她肯定会说“不行”。

凌萱妈知道，这是因为凌萱太不自信了，凡事都害怕自己做不好。她越是这样，还就真的越是做不好。

为什么凌萱这么不自信呢?

**案例深度解析**

明明会跳的舞非说不会跳、明明会背的诗歌非说不会背。这并不是凌萱想要偷懒，而是一种自卑心理的表现。因为自卑心理，她害怕自己做不好遭人耻笑，干脆一开始就说“不行”，以拒绝别人进一步的要求。

在生活中，很多孩子都和案例中的凌萱一样，因受自卑心理的影响而变得非常不自信，原本能够做得很好的事情，非说自己不会。这些孩子遇事总是喜欢说“我不懂”“我不会”“我不行”等自我否定的话，在面对选择时更是不知如何是好；有的孩子总是在挫折之后自暴自弃，责骂自己没用；还有的孩子认定自己身上有缺陷，并且因此嫌弃自己。当然，类似的表现还有很多，比如遇到问题不敢发问、被批评就自卑、不敢在别人面前表现自己、做事没有主见、不敢和别人交流等，这些都是因为孩子不够自信。

那么，哪些原因容易导致孩了自卑心理的出现呢?

（1）不良标签效应。

在生活中，很多父母不信任孩子，总认为孩子年纪小，这也不行，那也不行。当孩子要求自己吃饭时，大人往往怕孩子弄脏衣服而选择喂他；当孩子满心欢喜想要自己穿衣服时，大人却为了赶时间而麻利地给孩子穿上；当孩子和小伙伴为抢玩具发生争吵时，大人怕自己的孩子不会解决问题而挺身而出……父母这种不信任的行为，无疑给孩子贴上了不良标签，在这种不良标签效应下，孩子自然丧失了信心。

（2）目标不当。

这里的目标不当主要是指两种情况：没有目标和目标设置过高。二者都会导致孩子变得没有自信。没有目标，意味着没有奋斗的方向。当孩子看到别的孩子实现一个个目标而自己一无所获的时候，就会信心大跌，认为自己没有能力；同样，如果目标设置过高，久久无法实现，自然也会让孩子觉得自己能力不行，从而失去信心。

（3）挫折打击所致。

孩子很容易遇到挫折。当失败的现实摆在面前，孩子除了用哭来表示自己的情绪，内心也会对自己的能力、行为产生怀疑，继而产生不自信的心理。

（4）父母没有及时肯定。

做了一件事情是对还是错、是好还是坏，孩子自己还没有建立自己的评判系统，所以需要父母帮助孩子作出评判。如果这一步缺失，孩子会把父母的这种行为反馈到自己的心里，认定是自己做错了或做得不够好，不然父母怎么不夸奖自己呢？

（5）父母过于溺爱。

孩子自信心的缺乏和父母包办一切事物有一定的关系。父母包办一切，导致孩子没有更多的机会来锻炼自己的能力。久而久之，自然做事不如别的小朋友，信心的缺失也就顺理成章了。

**心理学家支招**

自卑是一种心理缺陷，也是孩子身上常见的问题之一。特别是在婴幼儿时期，孩子最易有这种不良心理。3～7岁之间，是孩子人格、价值观发展的重要时期，孩子的性格特征基本定型。如果孩子此时产生了自卑心理，可能会变得孤僻、寡言、缺乏自信，对他日后的工作和生活产生负面影响。

虽然个别孩子的自卑心理随着年龄的增长会逐渐减轻或消失，但这个比例非常小，只有10%左右。因而，要想孩子远离自卑心理，父母一定要加强警惕，一旦发现孩子有自卑的倾向，就应该及时进行引导。

具体该如何引导和调控呢？

（1）制定合理的目标。

在帮助孩子制定目标时，父母一定要量体裁衣。如果孩子达到了预期目标，获得成功，父母要多赞扬，让孩子充分品尝成功的喜悦。当孩子体会到成功的快乐后，自然就会有自信心了。

（2）寻找失败的原因。

面对孩子的失败，父母要帮孩子寻找失败的原因，切忌求全责备。孩子失败后产生不自信的心理常因不查失败根源所致，正所谓“一朝被蛇咬，十年怕井绳”。作为父母，一定要意识到这一点。

（3）培养孩子的自信心。

平时，父母可以让孩子做自己的事情。比如3～4岁，可以让孩子学会自己吃饭、穿衣服、如厕、收拾玩具。5～6岁可以进一步让孩子自己盥洗、洗小件衣物，如袜子等。这样可以为孩子提供更多的锻炼机会，帮助孩子掌握一些基本能力，逐步培养孩子的自信。

（4）激励效应。

日常生活中，父母要善于发现孩子的优点和长处，并经常赞赏、鼓励孩子。比如可以对孩子说：“我觉得你的数学学得很好”“你会主动整理自己的玩具箱很不错”“你的字写得很工整，看起来很舒服”。时间长了，孩子的自信心也就慢慢增强了。

**他山之石**

母亲姓名：闫茗芳

职业：银行职员

女儿姓名：雯雯，3岁

女儿雯雯3岁了，漂亮可爱，但就是有一点让人伤脑筋——不自信。特别是在陌生人面前，原本会唱的歌唱不好、原来跳得很好的舞也变得舞步凌乱。而在绝大多数情况下，她都拒绝做这些事情。

刚开始我还觉得小女孩这样腼腆没什么，但有一次我和雯雯的老师聊天，她告诉我雯雯这样子下去可不行，以后可能会越来越不自信，到最后很有可能影响到她的人际交往。

“现在你得注意了，帮雯雯提高自信心吧。”幼儿园老师最后跟我说。

“该怎么帮她呢？”我一点把握都没有。

“首先，你得给雯雯设定一个个的小目标，让她在短时间里能实现。比如连续一个星期自己把脏衣服放进洗衣机、自己给自己盛饭。只要孩子做到了，你就给予她鼓励。”

“嗯，这个方法还不错。还有其他的吗?”我继续问道。

“还有啊，要让雯雯自己动手做事，你们不要事事包揽。做错了，就告诉她哪里错了，该怎么改，而不是简单地批评、指责。如果孩子做得不错，就要及时给予奖励，别让孩子觉得大人没有鼓励自己，就等于自己做错了。这对孩子非常不好。”幼儿园老师很仔细地跟我说。

“哦，这一点我确实做得不好，看来我得好好改正了。”听了幼儿园老师的话，我似乎找到了方向。

后来我按老师的方法给雯雯制定了一些容易实现的目标，只要她实现一个，我就学幼儿园的老师一样，给她一朵大红花。随着墙上的大红花越来越多，雯雯脸上的笑容也越来越多。当她做错了事，我一改以往只批评不教育的方式，告诉她这次错在哪里，下次该如何改正。所以。现在雯雯遇到挫折，已经开始懂得找原因了。自然，她也就变得十分自信了。

## 2. 芝芝是“丑小鸭”
## ——警惕换牙期自卑心理

芝芝是附近闻名的“小美人儿”，在她还小的时候，也经常以“小美女”自称。别人只要问她你叫什么名字，她就回答：“我叫小美女。”这样的对话常惹得周围人哈哈大笑。

可是，芝芝6岁之后就变得不爱笑了，而且也不爱自称“小美女”了。如果别人说她是“小美女”，她不仅会否认，还会大哭。

“这孩子到底怎么了，这么大了怎么还那么爱哭？”芝芝妈一脸茫然地对芝芝爸说。

“我看可能是芝芝觉得自己没有以前好看了，所以有些自卑。你还记得她曾经写的那篇日记吗？她在里面自称‘丑小鸭’。”

很快，芝芝的妈妈就找到了原因。芝芝换牙较早，两颗门牙最早换了下来，换牙后新长出的两颗门牙很大，就像把门的铁将军一样。新认识的同学取笑她，再也没人说她像“美女”了，她也逐渐变得自卑起来。如果有人说她是“小美女”，她就觉得别人是在耻笑她。

可是，芝芝妈妈觉得很奇怪，难道就因为这样一点小事？芝芝的自卑心怎么那么强？

**案例深度解析**

芝芝因为门牙没有长好就觉得自己不好看，觉得自己是“丑小鸭”，不再是别人眼中的“小美女”了，甚至因此而产生了自卑心理。这是典型的“丑小鸭”时期自卑心理，换牙期孩子常有这种不良心理。

心理学家认为，换牙期的孩子之所以会产生这种自卑心理，原因就在于他们已经有自尊心。孩子自尊心强，就会十分在意别人对自己的看法与评价。如果别人对自己评价不佳，就会产生自卑心理。而大孩子的取笑，父母、客人的谈论，都会让孩子觉得自己真的是只“丑小鸭”。有的孩子甚至因此拼命舔牙齿，希望牙快点长出来，结果往往适得其反。

很多孩子还会因长痘痘、变胖、个子矮、头发稀疏等原因变得不自信，甚至自卑。据某调查显示，超过80%孩子的自卑原因是“长相不美”“自己有缺陷”。这说明，“丑小鸭”时期自卑心理对于孩子的影响是非常大的。

孩子为何会对自己的生理缺陷自卑呢？除自尊心强、父母不正当的评价外，还有以下这些原因：

（1）对缺陷的过分看重。

有些孩子不仅仅只关注换牙、胖瘦、高矮等生理现象，还关注自身的一些缺陷，比如眼睛不够大、鼻子不够挺、脸太大等，这些都是引起他们自卑的原因。其实，每个人身上都有或多或少的缺陷，如果孩子过分注重这些，忽视了身上的优点，自卑心理就很容易出现。

（2）不当比较所致。

很多父母都喜欢拿自己的孩子和别人的孩子比较，父母的原意是想让孩子意识到差距，从而获得提高。但在孩子们看来，这是父母看不起自己、认为自己有缺点的表现。久而久之，就会变得自卑。

（3）不良标签效应。

当孩子掉了门牙，父母或周围的人可能会取笑孩子。用“没牙的小狗”等不好的绰号来形容，甚至以把小孩弄哭为乐。父母们觉得这是玩笑，但对孩子来说，就等于给他贴上不良标签。孩子会因此觉得自己不是一个完美的人，从而产生自卑心理。

**心理学家支招**

当孩子过度关注自己身上某些缺陷的时候，就很容易出现“丑小鸭”

的自卑心理。特别是一些身材矮小、相貌丑陋、太胖、口吃、五官不正甚至身体残疾的孩子。这些孩子如果经常受到同学们的嘲笑，更是容易出现这种心理。这是典型的不良标签效应引发的自卑心理。

当然，引发孩子“丑小鸭”自卑心理的原因多种多样，父母了解了这些原因之后，下一步就需要积极地对孩子进行引导，这样才能让孩子走出“丑小鸭”的自卑心理的阴影。

（1）多与孩子沟通。

当孩子因为一些身体缺陷而产生“丑小鸭”的自卑心理时，父母要多与孩子沟通、聊天，告诉孩子为什么会出现这种情况、什么时候能改变、会不会影响到自己。只有当孩子明白这只是每个人生命过程中的一个阶段时，担心、自卑就会减少。

（2）赞赏效应。

很多父母在孩子提出诸如“为什么我这么丑”“为什么我的牙齿那么大”等问题的时候，只是笼统地说一些“不会啊，你很漂亮”“你的牙齿一点也不大，很好看”之类的赞美。显然，这样的赞美一点诚意都没有，孩子也不会买账。要想通过赞美来提高孩子的自信心，一定要讲究一个原则：真心诚意。不仅要赞美孩子，还要告诉孩子我为什么赞美你。比如：“你是一个漂亮的孩子，特别是你的辫子，让人看着很舒服。”“你的牙齿一点也不大，只不过那些小的牙齿还没有长大而已。”

（3）期待效应。

当孩子觉得自己是“丑小鸭”的时候，父母应该给予他“白天鹅”的美好期望。比如可以告诉孩子“那些漂亮的人小时候也丑过”“再过几年，你会变得更加漂亮”等。当孩子把注意力从“丑小鸭”的痛苦转移到“白天鹅”的快乐当中时，也就远离自卑心理了。

**他山之石**

母亲姓名：赵梦

职业：行政人员

女儿姓名：晓宇，7 岁

晓宇今年7岁，上小学二年级。她原本是一个非常喜欢穿裙子的姑娘，可有一天，她却突然告诉我："妈妈，以后不要给我买裙子了，我再也不穿了。"

"为什么？你穿裙子不是很好看吗？"对于晓宇说出的话，我觉得很奇怪，但我知道肯定是事出有因。

"没有为什么，就是不穿了。"既然她不想告诉我，我也就没有多问。

此后，晓宇一天到晚总是闷闷不乐，一看见裙子就有一种厌恶的表情，即便是我穿裙子，她也会感觉很不耐烦。

"晓宇到底怎么了，看来我得搞清楚这件事情。"晚上我和晓宇爸爸说道。

"你问她，她又不说，怎么搞清楚啊？"晓宇爸爸反问我。

这确实是个问题，不过我很快想到了办法，问她的好朋友莉莉。第二天，在送晓宇上学之后，我偷偷找到莉莉，把心中的疑问说了出来。没想到莉莉听了之后笑了笑说："阿姨，没事的，晓宇是因为觉得自己腿不好看，是O型腿，所以就不穿裙子了。有一天我们班的几个男生笑话她，估计她是受到刺激了。"

原来如此！

看来这件事情已经影响到她的心情，甚至有可能让她产生自卑心理了。对此，我可得进行干预一番。

找了一个机会，我和晓宇好好谈了谈，告诉她什么叫真正的O型腿，而她的又是什么样子的腿。我还告诉她不仅她的腿好看，而且她的脚和手非常修长，是一个美女坯子，特别是修长的手指头，非常适合弹钢琴（晓宇喜欢弹钢琴）。

听到我的话，晓宇眼里蹦出了亮光。我看她不是特别相信我的话，还陪她上网查了一些资料。在事实面前，晓宇彻底笑了，她已经知道自己错在哪里了。

第二天，晓宇又主动穿着裙子去上学了。

## 3. 自暴自弃的默默
## ——帮孩子走出习得性自暴自弃

4 岁的默默进入兴趣班学习小提琴。他挺喜欢小提琴，一想到以后能像音乐家一样站在台上表演，默默就非常兴奋。

可是，这种兴奋仅仅持续了一个月，默默就不想去兴趣班了。

“为什么不去了？”默默妈问他。

“不去了，没意思。我学不会。”默默低着头说。

“你还没学多长时间，怎么就知道自己学不会？”默默爸觉得很奇怪，“你才上几天的课啊，怎么就觉得没意思了？”

默默低着头没有说话。

周末的时候，爸爸带着默默去兴趣班。他没有离开，站在窗外看着默默上课。

一会儿的工夫，老师的吼叫声就出来了：“你的手怎么那么没力，这哪像拉小提琴啊？”

“你的右手要有力一点，怎么像个姑娘似的？”

“你的眼睛盯着什么看？你还想不想练琴了，这么笨！”

“上个星期给你的乐谱你看了吗？怎么记不住，死脑筋啊。”

……

听到这些，默默爸爸终于找到了默默不想上兴趣班的原因了。老师的责骂和否定，使他对练琴失去了兴趣，开始自暴自弃了。就这样，两个月不到，默默说什么也不肯去兴趣班了。他害怕，他反抗，他认为自己根本不可能拉好小提琴。即便换一个兴趣班，默默也不愿意再上。默默爸爸对此很无奈。

**案例深度解析**

从默默的表现来看，他已经是“习得性自暴自弃”了。所谓“习得性自暴自弃”，是孩子认为自己无法控制事件结果时的一种心理状态，也就是说，孩子在经历了一些失败的体验之后，便不再去尝试努力的行为。

孩子为何会这样呢？心理学家通过研究后发现，“习得性自暴自弃”的出现是与自身能力缺乏以及对自己评价太低等因素有关。

“习得性自暴自弃”的孩子总是爱否定自己，其口头语为“我太笨了，什么也学不会”或“不管我怎样努力，还是没有别人强”。由此可见，这些孩子总是把自己的失败归因于自己的先天不足，再努力也没用。

事实真的如此吗？很显然不是。但这些孩子在遭到外界的否定后，“我很笨”“我做不好”“我不能像别人那样”这些想法就会像毒液一样慢慢注入孩子的心灵深处，形成刻板的自我印象，最后产生自暴自弃的心理。

除了这个原因之外，是不是还有其他的因素呢？

（1）不恰当评价。

父母的态度往往能够决定孩子的态度。如果父母对孩子的表现失望，那么孩子也会对自己产生类似的态度。他们甚至会觉得“父母对我都没有信心，我自己又怎么有信心呢”“父母都对我失望了，那我肯定是糟糕到底了”。也正因为如此，孩子很容易产生自暴自弃的心理。

（2）教养方式不当。

很多父母总是希望用高压的手段逼孩子去做一些事情，比如“不练半小时的琴就不能吃饭”“作业没做完就不能看电视”。孩子身上确实有惰性，需要父母进行约束，但过分高压也会让孩子觉得“反正我怎么做都是不对的”“我再怎么努力也不能开开心心看电视”。

既然是这样，那还努力什么？这也是“习得性自暴自弃”的原因。

（3）父母对孩子要求苛刻。

如果父母对孩子要求苛刻，什么事都嫌孩子做不好，就会让孩子长时间处在“碰壁”的状态。而如果得不到父母的肯定，孩子就会产生“自己就是一个笨蛋”“我很没用”等自暴自弃的想法。久而久之，就成为“习得性的自暴自弃”。

**心理学家支招**

默默因“习得性自暴自弃”对自己失去了自信。事实上，有“习得性自暴自弃”的孩子不止默默一个。

据某“儿童心理学咨询机构”对1000多名3～12岁孩子的调查显示，其中有40%孩子自称“至少一两个方面完全丧失信心，并有自暴自弃的心理”。比如他们有的对自己的外貌、身高、体重等生理条件没有信心；有的则对自己的学习能力、运动水平和交友本领感到悲观，并因此产生不良行为，如一个劲地吃东西；有的孩子开始逃学，不再上学，自暴自弃。但实际上，这些孩子的能力并不像他们自己认为的那样不堪。

孩子为什么会这样呢？这样发展下去会有什么后果呢？显然难以想象。因而，父母要及时对孩子进行引导，具体可参考以下几种方法：

（1）让孩子正视自己。

孩子之所以自暴自弃，原因在于他们看重自己，却得不到别人的肯定。说到底，这些孩子没有正视自我，对自己的认识不够深刻，甚至有点“跟着别人的感觉走”。所以，父母在引导孩子的时候，一定要教孩子正视自己。

（2）多宽慰孩子。

当孩子遇到挫折时，一定要理解、宽慰孩子。比如“我知道这件事情对你来说伤害很大，不过我还是相信你能做得更好”。孩子考试没考好，一定要对孩子说：“这次没考好，只要你努力了就可以了！”

（3）相信孩子能行。

无论孩子遇到了什么挫折，你都应该告诉孩子“你能行”。当然，最重要的是，父母自己要真的相信这一点，并给予孩子一定的帮助。比如孩子考试失败之后，你不仅要鼓励他，还应该帮助他找到失败的原因，以免下次再犯。

**他山之石**

母亲姓名：郭燕燕

职业：专栏写手

女儿姓名：美美，6 岁

美美今年 6 岁，上小学一年级。当连续两次数学考试不及格后，她开始泄气了，把试卷揉成一个纸团，扔进垃圾桶，趴在桌子上大哭。即便我怎么劝，她都不愿意相信自己下一次还能考得更好。

一晚上，她都在嘟嘟囔囔："我们老师说得对，我就不是学数学的料。"

"数学矮子"是她睡前给自己起的绰号，数学作业也没做。

我问她，她就说："反正我考不及格，做了也白做。"

我基本不干预美美的考试，但这次我觉得事情有点严重，所以第二天就给数学老师打了电话，告诉他以后不要对美美说"不是学数学的料"这类话。

之后，我和她好好谈了谈。

"你相信你们数学老师的话吗？我指的是他说你不是学数学的料。"我试探性地问。

"反正我数学就是学不好。"看来在美美的心目中，她已经成了一个"学不好数学"的孩子。

"妈妈以前和你一样，数学成绩总是不好，但是后来考试我竟然考了 100 分。"我平静地说道。

"是吗？妈妈，那你是怎么做到的？"美美显然有些惊讶。

"很简单啊，好好学，不懂就问。"我故作轻松地说。

"那……那你是不是能教我学数学呢？"美美果然"上钩"了。

"当然没问题，我们现在就回去，好好把那该死的数学给搞清楚，好不好？"

"好。"美美听我说了"该死的"，竟然扑哧一声笑了出来。

回家之后，我就给她讲题，并给她指出了错误的原因，下次该如何避免。那一天，我觉得我是世界上最好的数学老师。

果然，在第二个月的考试当中，美美的成绩有了很大的进步。当她挥舞着试卷跑向我的时候，我知道，她已经走出了自暴自弃的阴影。

## 4. 乐乐总嫌自己胖
## ——帮孩子远离缺陷型自卑

最近一段时间，乐乐妈妈心里很烦，乐乐说什么也不愿意上幼儿园，原因就是乐乐觉得自己太胖了，很丑，怕小朋友笑话自己。

事实上，乐乐并不算太胖，只是比一般的孩子稍胖一些。他之所以嫌自己胖，就是因为幼儿园的孩子给他起了个外号“猪胖子”。他觉得很难听，慢慢就开始嫌弃自己，甚至还嚷嚷着要吃减肥药。

乐乐今年才5岁，父母自然不能给他买这种东西。但乐乐的妈妈发现了一个更为严重的问题，乐乐开始自卑了。

有一天，妈妈带乐乐去超市。乐乐不想去。妈妈问他为什么，他随口就说：“我这么胖，别人会笑话我的。”

“不会的，比你还胖的人有的是。”乐乐妈说道。

乐乐想了想，跟着妈妈出了门。到了超市，很多孩子都在里面的游乐园里玩，乐乐妈让乐乐也进去玩，但乐乐就是不进去，非要妈妈陪在身边。

“你以前不是很喜欢在里面玩的吗？为什么现在又不进去了呢？”乐乐妈觉得很奇怪。

“我……我不想去，因为没有人愿意陪我玩。”乐乐一脸的委屈。

“为什么啊？你还没进去，怎么就知道别人不愿意和你一起玩呢？”

“我这么胖，别人会喜欢我吗？”乐乐一脸的疑问。

听了乐乐的话，乐乐妈觉得很无奈。

胖，已经成了乐乐的心病，甚至让他产生了自卑心理。

**案例深度解析**

乐乐因为嫌弃自己太胖而不敢出去玩，甚至还觉得别人不会喜欢自己，这显然是受到了“缺陷性”自卑心理的影响。其实，很多孩子都有一定的“自卑性”心理。比如有的孩子嫌自己个子太矮、长相不好看、五官不端正、头发不够黑、眼睛不够大等。只要一说到这些孩子所嫌弃的方面，他们就会紧张不安，避开话题。

这些孩子为什么出现这种自卑心理呢？原因是多方面的：

（1）不良标签效应。

很多孩子之所以会嫌弃自己的缺陷，很重要的原因是别人跟他开的不良玩笑，这给了孩子消极的心理暗示，比如给孩子起一些不好听的绰号、取笑孩子的生理缺陷等。他人可能觉得没什么，但这对于孩子来说，就是不良标签，并很容易让孩子产生“缺陷性”自卑心理。

（2）负面环境效应。

其实孩子很多时候都在受着周围人的影响，特别是父母等家人。举个例子，如果孩子的妈妈认为胖不好，那么孩子也会觉得胖不好；如果爸爸觉得个子太矮不好，孩子也会因此而担心。在这些错误意识的引导下，“缺陷性”自卑心理就很容易产生。当然，除了周围的家人之外，影视剧的影响也是不容忽视的。

（3）自我关注意识较强。

在4岁之前，孩子“自我关注意识”并不是很强，胖瘦高矮、衣服漂不漂亮，孩子并没有多少感觉。可4岁之后，孩子就开始注意这些，并且也有了自己的判断，所以对自己的整体形象会有一些看法和想法。一旦发现自己在某个方面不是特别完美，就容易产生自卑心理。

**心理学家支招**

厌恶自己身上的一些缺陷，这是孩子成长过程中经常会发生的现象，亦是孩子有自卑心理的表现。

自卑心理，有的与生俱来，有的则是由于在经历一些挫折、失败之后导致的。

通常有自卑心理的孩子会对自己的某方面能力丧失自信，如不相信自己能画好画、下好象棋等，甚至会怀疑自己其他方面的能力。严重的还会发展到无论做何事都没自信，甚至会对很多事情不再感兴趣。所以，父母如果发现孩子有自卑心理，一定要进行引导。

具体如何做呢？

（1）告诉孩子：这是在开玩笑。

作为父母，尽量不要和孩子开一些不良玩笑。如果周围的人这么做，一定要告诉孩子，这是在和他开玩笑，而不是真的在耻笑他。比如“叔叔这么说是在跟你开玩笑，他是觉得你很可爱，而不是真的觉得你胖”“阿姨说你胖是羡慕你身体好呢”。当孩子意识到这一点后，产生自卑心理的可能性就很小了。

（2）转移注意力。

产生“缺陷性”自卑心理的孩子往往把注意力放在自己的缺陷上，而没有看到自身好的一面。比如有的孩子只看到自己胖，却没有看到自己乌黑的头发、高挺的鼻梁是很多人没有的。父母可以引导孩子把注意力转移到这些优点上来，这样才容易提高孩子的自信心，远离自卑心理。

## 他山之石

父亲姓名：王博

职业：外科医生

儿子姓名：康康，5 岁半

我的儿子康康已经 5 岁半，非常聪明，每天在家都是一副小大人的样子，还经常说一些时髦的用语，什么“帅毙了”“out”“粉丝”之类的一大堆。

可最近，康康却陷入了自卑之中，因为他小姨在看电视的时候无意中说了一句话：“女孩子还是喜欢帅哥。”康康就问她：“小姨，我帅吗？”小姨逗他玩，便骗他说：“你呀，不够帅。你看你鼻子有点塌、眼睛有点小，头发还比较少，怎么能算是帅哥呢？”

小姨的一番话差点把康康说哭了。尽管最后强忍住了泪水，但从那天起，他就对自己的外貌非常不满意。走在路上看见小女孩，就会故意把头低下来。很显然，他的自卑心理已经很严重了。

这样下去可不行啊。

第二天，我就打电话给心理科的同事，向他咨询该如何改变康康的状况。同事告诉我，首先要阻止家里人再以类似的玩笑刺激他，然后要告诉他，小姨是在开玩笑，最好让小姨亲口告诉他。当然，最为关键的还是要帮康康发现自己身上的优点……

回到家，我一一照做。最后，我还和他一起讨论，把他身上的优点全部列了出来，绘成一个表格，像奖状一样挂在他的房间。

果然，这个方法非常管用，只过了几个星期，康康的自卑心理就不见了。现在的他，走路又开始挺胸抬头了。

## 5. 一批评就自卑
## ——警惕孩子在批评中失去自信

不知从什么时候起，乐乐对批评变得特别敏感。无论什么事情，只要别人一批评他，他就很自卑，觉得自己什么都做不好，是个没用的人。

那天早上，妈妈给他买了一杯豆浆。他没拿好，豆浆掉在地上，溅了一身，刚穿的衣服立刻变成了“大花脸”。

乐乐妈见状，便随口说道：“你怎么那么不小心啊！你看好好的豆浆就这样被你浪费了，还得让妈妈洗衣服。”

这本是很简单的一句批评，乐乐却非常不开心，竟然哭了起来。

妈妈好不容易把他哄好，让他自己再去买一杯，乐乐却死活不愿意去。妈妈问他：“为什么，你不想喝豆浆了？”

让妈妈没想到的是，乐乐却这样回答：“我这么不小心，怕又把豆浆给掉地上了。我想喝，可是我怕又浪费豆浆。”说完，乐乐眼圈又红了。

妈妈听了，心里一阵难过，觉得自己可能批评过头了，让乐乐产生了自卑心理。

可乐乐什么时候变得这么敏感了？

**案例深度解析**

因为妈妈的一句批评，乐乐就对自己的能力产生了怀疑，这并不是因为他变得敏感了，而是因为他容易在别人的批评中失去自信，说到底，是他的自卑心理在作怪。

心理学家认为，自卑是一种不良心理，是对自我的否认，是对自我个性的排斥，是对自身价值的否定，造成自卑的直接原因就是别人的批评。

细心的父母会发现，在我们身边，因为受到批评而失去自信的孩子并不少见。只不过他们的表现不一样，有的哭闹、有的否定自己、有的再遇到相同事情会退缩等。这些都说明一点：有自卑心理的孩子，已经受到了这种不良心理的影响。如果父母不帮孩子纠正，非常不利于孩子良好个性的形成。

要想引导孩子远离自卑心理，父母就需了解哪些批评会加重孩子的自卑心理。

（1）批评太多。

很多父母在批评孩子的时候，并没有针对某一件事情或者一个错误进行批评，而是泛泛而批。比如“你就是一个笨蛋”“你太调皮了”“你怎么能这么不懂事”等。很显然，这些又泛又滥的批评不仅不能达到改正孩子错误的目的，还有可能造成孩子的自卑心理。

（2）批评情绪化。

在批评孩子时，有些父母很难做到“冷静”“客观”，而是把自己的情绪加入其中。比如抱怨、嫌弃等。这在孩子听来，就是一种赤裸裸的否定。

（3）不听解释的批评。

孩子犯错，父母如果没有听孩子的解释而盲目批评，同样会让孩子产生抵触、反感的情绪。一旦这种情绪蔓延，孩子就很难从中走出来，自卑心理也就接踵而至。

**心理学家支招**

很多父母觉得很奇怪，这么小的孩子也会有自卑心理吗?

答案是肯定的。著名心理学家埃里克森给人格发展划分了八个阶段，他认为，第二个阶段——儿童早期（1.5~3岁）的发展任务是获得自主感并克服羞怯感和疑虑感。如果幼儿对自己的疑虑达到一定程度，就会产生自卑心理，就会自我持有一种否定的态度。这种态度会使幼儿认为自己是无能的、不重要的、失败的和没有价值的。而父母的批评就是孩子疑虑的最大来源。

通常，有自卑心理的孩子对自己的评价本来就低。如果父母再因孩子犯的一些小错而过分批评，就会让孩子在不良批评效应的影响下更自卑、更不自信。如，父母常说“你真蠢”“到底你会不会”，就会令孩子产生挫折感、自卑感、不安感。在不知不觉之中失去了随机应变的能力，更加无法解决面对的问题。

那么，父母该如何带孩子走出自卑的心理阴影呢?

(1) 提高孩子的自我价值感。

一些孩子之所以在受到批评之后变得自卑，其原因就在于没有找到自我价值感，甚至他们把自己的价值定位在周围人的认同上。要想提高孩子的自我价值感，父母对孩子的兴趣和努力不能仅是表扬，还要有发自内心的欣赏，这样才能提高孩子的自我价值感。

(2) 批评之后给予爱和支持。

面对孩子的错误，批评是应该的，但聪明的父母不会就此停住，而会在批评之后把爱和支持给予孩子。比如让孩子认识到生活中有起有落，正确应对失败能帮助孩子提高健康的自信心。在孩子失败或失望时，如果他们知道父母的爱和支持永远不变，他们的自信心就能增强。

(3) 用“实际意义”提高自信心。

给他布置一些有实际意义的任务。比如，父母可以安排孩子帮自己做些家务，即便是简单的扫地、择菜、摆放碗筷，也能让孩子感受到自己是有价值的，从而具备更强的自信心。

## 他山之石

父亲姓名：严铭

职业：媒体工作者

儿子姓名：小明，6岁半

我的儿子小明是个嘴甜、活泼的孩子。每次有人到我们家做客，小明都会非常热情地接待，请他们坐下，倒茶、拿糖果、陪聊天，像个“小主人”。

有一天，我的同事带着他儿子到我家玩，奇怪的是，这次小明却没有像往常一样出来端茶倒水，而是躲在房间不出来。

“这是怎么回事呢?”

后来我才明白，可能是上次这个同事带着他儿子来我们家玩的时候，说起孩子的考试成绩，我就提到了小明的测试成绩下降，大家都当面批评了他。特别是小明的妈妈，还说他“懒惰骄傲”“没有理想追求”。

他妈妈以为这样就能促使小明努力学习，没想到却严重损伤了儿子的自尊心，让他产生了严重的自卑心理，觉得无颜见人了。

意识到这一点之后，我就和小明的妈妈商量，一定要帮小明找回自信。他妈妈先向他道了歉，然后一起探讨成绩下降的原因。我也和那个同事商量好，下次见面要多表扬小明。同事点头同意。

几天后，我就带上小明去那个同事家玩，又“顺便”提及了小明的成绩。我说道：“小明上次测试成绩下降，不是因为懒惰，也不是因为骄傲没理想，而是偶尔失误。他妈妈上次那么批评他，就是冤枉他了。”看得出来，在听到我的话之后，小明脸上又露出微笑。此后，当亲戚朋友再来我家做客的时候，小明又是一个热情的“小主人”了。

## 6. 上课有问题不敢举手
## ——合理引导胆小型自卑宝宝

晓宇今年上小学一年级，期中考试成绩下来了，晓宇的成绩不是非常理想。

到底是什么原因呢？晓宇的妈妈觉得这里面肯定有问题，便打电话联系老师。

“我想知道晓宇的成绩为什么下滑得这么厉害？”

“我正想找机会跟你说呢，你们家的晓宇学习积极性并不是很高。”

“积极性不高？可他每天回来做作业都很积极，而且我们给他买的练习题，他都做得很认真。”

“这我都知道，但他大多都做错了。我觉得晓宇最大的问题不是学习不认真，而是积极性不高。遇到问题他不敢去问，上课也不敢举手。他是一个非常聪明的孩子，如果能把这个坏习惯改正，成绩很快就会提高。”

听了老师的话，晓宇的妈妈觉得很有道理，但她一直没搞明白，为什么晓宇遇到问题不敢举手呢？

**案例深度解析**

晓宇学习很认真，但成绩并不是很好，原因在于他遇到问题时不敢举手提问，以至于问题越积越多，影响到了成绩。他的情况并非是老师所说的“积极性不高”，而是受到了“胆小型”自卑心理的影响。

所谓“胆小型”自卑心理，是指一些孩子因胆小而导致的自卑心理。

比如不敢见老师、不敢和同学讨论问题、不敢举手、不敢和同学争执等。在这些孩子身上，你很难看到一些大胆的行为。所以，这些孩子很容易被认定是“胆小”“怯懦”型的性格，进而会让他们产生“自卑”。

那么“胆小型”自卑心理的形成，主要是受到哪些因素的影响呢?

（1）心理压力过重所致。

有的孩子想到了就去做，而有的孩子则会反复思考，这样行不行、那样可不可以、如果出现问题该怎么办等。思考得太多，就会导致心理压力增加，让这些孩子产生“临阵退缩”的行为，不敢再去做这件事。

（2）对挫折过于看重。

失败和挫折谁都不想遇到，但很多时候却无法避免。只不过有的孩子看轻挫折，认为这没什么，有的孩子则看重挫折，遇到一次挫折就否定自己的能力，从而不愿再去尝试。遇到新鲜事物、没有把握的事也就会表现出退缩、害怕、恐惧的情绪。

（3）父母期望过高。

父母很容易把自己没有完成的愿望附加在孩子身上，对孩子期望很高。他们觉得“没有压力就没有动力”，只有给孩子足够的压力，孩子才能有所进步。如果孩子承受的压力过大，压力就成了压在孩子身上沉重的枷锁，很难继续前进，甚至会渐渐失去自信，陷入自卑的深渊。

### 心理学家支招

在生活中，很多孩子做事时总是十分胆怯。父母将此归于孩子害羞或能力有限，事实上，这是由于孩子内心不够自信，是一种“胆小型”自卑心理的外在表现。

“胆小型”自卑心理的孩子与父母相处时还大胆一些、自信一些，但如果一出家门，就会变得胆小、不自信。这类孩子通常不敢举手发言，不敢向老师提问。如果老师让孩子回答问题，孩子就会低着头，表情紧张，不敢大声回答。

很显然，这对孩子的心理健康非常不利。因而，父母应该及时给予其引导和纠正。

那么，父母在引导时该做哪些工作呢?

（1）期待效应。

与孩子相处时，父母不要对孩子说成功多重要，而要多与孩子一同期待美好的梦想，比如告诉孩子："如果你能学好小提琴，就可以像个音乐家一样站在台上表演了，会有很多人给你鼓掌。"而不是告诉孩子："你必须努力学习小提琴，否则你就考不了第一了，妈妈的钱就白花了。"

（2）给孩子制定合理的目标。

父母的期望可以很高，但一定要帮孩子寻找合适的目标，而不应该直接把自己的期望当成孩子的目标。比如你的期望是让孩子考入重点初中，你可以告诉孩子："这次考试，数学你要提高 10 分、语文成绩提高 15 分……"而不是笼统地告诉孩子："你必须考到前三名，否则你就没有机会进入重点初中了。"

（3）示范引导法。

当孩子出现"胆小型"自卑心理时，父母可以通过示范引导的方法帮孩子走出这种不良心理。比如可以教孩子如何提出自己的问题。只要孩子熟悉了，也就能从容应对了。

**他山之石**

父亲姓名：宁晖

职业：编程员

儿子姓名：军军，7 岁

我的儿子军军上小学二年级，学习成绩还算不错，在班里算是前五名。不过他身上存在一个比较大的问题：胆小。很多事情明明知道自己能做好，但就是不敢去尝试。

军军的英语成绩不错，记得有一次，学校要进行一次英语竞赛，就是几个班英语成绩比较好的孩子一起考试，看看哪个孩子的英语成绩更好，以后可以重点培养。听到这个消息，我很高兴，认为是个好机会，可以证明军军的实力，所以就希望军军参加。即便成绩不理想，也能找到和别人的差距所在。

当我把自己的想法和他说了之后，原以为他会爽快答应，可没想到，他竟然连说“不行”“我考不好很丢人的”……

难道军军的英语成绩如此不堪吗？我打电话向他的英语老师询问究竟。得到的答案是：军军的英语成绩很好，完全有实力参加这次竞赛。只要发挥正常，至少能得前三名。

既然有实力，军军为什么不参加呢？后来，他的英语老师告诉我：“军军的英语成绩确实不错，但他太胆小了，估计连报名都不敢。你和他商量一下，如果他同意参加，我就帮他报名。”结果我再三和他商量，他还是没有答应，失去了一次证明自己实力的大好机会。

“这孩子为什么这么胆小呢？”在一次聊天的时候，我和同事说起了这件事情。同事想了一会儿告诉我：“军军可能不是胆小，而是自卑。说实在的，我小时候和他的情况就比较相像，现在我想明白了，我不是胆小，而是自卑，害怕考不好，遭人耻笑。你回去问问他，是不是这样。”

结果，军军和同事说的非常相似。

“那应该怎么帮他调整呢？”我问同事，“我们做父母的到底应该怎么做呢？”

“首先，你不要过分强调成绩、排名什么的，这样会给他造成很大的心理压力。你要给他制定一些小目标，只要他实现，就给他奖励，从而让他获得自信，认定自己能够成功。”

在接下来的日子里，我寻找一切机会和军军阐述这些观点，告诉他什么才是真正的成功，和他分享实现小目标之后的每一次快乐。

渐渐地，军军变得“胆大”起来，自卑心理也渐渐减少了。

# 7. 拼命掩盖缺点的苗苗
# ——巧用“甜柠檬”效应提高自信

苗苗是个漂亮的小姑娘，今年才5周岁，在幼儿园上大班。她年纪虽小，却对自己的缺点非常敏感，在别人面前总是拼命掩盖。

记得有一次，妈妈带她到一个朋友家做客，朋友家也有一个和苗苗年龄相当的孩子，苗苗叫他小哥哥。妈妈对苗苗说：“你前几天不是说在幼儿园学了一首儿歌吗？现在唱出来让我们听听。如果小哥哥不会，你也可以教他唱，好不好？”

“好。”苗苗一口答应。

苗苗唱得很认真，但有些地方记错了词，走了调。

“这首歌我们幼儿园里也教过，我也会唱。”小哥哥在苗苗唱完了之后说道。

“是吗，那你也唱一遍好不好？”苗苗妈妈对他说道。

“苗苗的词记错了，不好听。”小哥哥一本正经地说道。

“没有，就是这么唱的，我们老师就是这么教的，而且磁带上也是这么唱的，不信你可以听。”受到质疑的苗苗一副不甘示弱的样子。

“就是唱错了，就是唱错了。”小哥哥也不甘示弱。

“唱得不好是因为我今天嗓子不舒服……”苗苗开始找借口。

……

吵到最后，苗苗竟然哭了起来。尽管这问题不大，但却反映出了另外一个问题，苗苗不愿意承认自己的缺点。在别人帮她指出来的时候，她还会拼命掩盖。

“苗苗为什么这么完美主义呢?”苗苗妈妈觉得很奇怪。

苗苗真的是个完美主义者吗?

**案例深度解析**

当然不是。苗苗这是不自信的表现,是一种自卑心理的外露。她不敢正视自己、接纳自己。

其实,很多孩子身上都有这种情况,比如有的孩子不愿意别人说自己不好、不愿意别人提自己的缺点、回避竞赛或竞争、不愿意在别人面前表现自己、不愿意自己的短处被别人发现等。

一般来说,3 岁左右的孩子已经具备了“好”“坏”的判断意识,当他们意识到自己身上有缺点时,就会拼命掩饰,以免被别人发现。80%的孩子在 9 岁左右可以正视自己的缺点,另外 20%的孩子则不愿意正视、不敢正视,直到成年都是如此。这正是导致孩子产生自卑心理的因素。

那么,这些孩子为什么对缺点如此敏感,以至于产生自卑心理呢?

(1)错误的比较所致。

有些孩子因为曾受到别人的批评,在别人面前感到自己很无能,觉得自己比不上他人,因此才会拼命掩饰自己的缺点,以免被别人发现。之所以出现这种情况,很有可能和父母喜欢拿自己的孩子与他人进行比较有关。孩子的方方面面都能纳入父母的比较范围之内,成绩、才艺、行为等,父母以为这样的比较可以激发孩子的上进心,殊不知,这却是对孩子心理的极大伤害。

(2)缺乏自我。

每个人身上都有优缺点,但很多孩子却不知道这一点,总喜欢拿别人来对照自己。在这种对照之中,孩子就容易失去自我,看到别人怎么样,自己也就想变成什么样。而当看到别人身上有自己不具备的优势时,就会采取掩饰缺点的方法。很显然,正是由于自我的缺乏,才让孩子变得失落与懊恼。

## 心理学家支招

每个孩子都有一颗上进的心，他们也有自己的期望与理想目标。如果达不到理想，孩子也会沮丧，也会想方设法改变这种情况。遗憾的是，一些孩子采取了消极的做法：掩饰。实际上，这样做只会让自己变得更自卑，却没有任何现实意义。

心理学家告诉我们，要想改变孩子的这种不良心理，应该使用“甜柠檬”效应。“甜柠檬”效应是，自己的柠檬就是甜的。“甜柠檬”是指自己所有而摆脱不掉的东西就是好的，要学会接纳自己。每个人都有优点，都有自己的优势，每个人也都有自己的特点，千万不要轻易说自己这里不好，那里不好。现实生活中，很多孩子因为自己身上的缺点或没有别人一样的优势就看低自己、排斥自己、不接纳自己，甚至盲目改变自己。毫无疑问，孩子落入这样的心理陷阱之中，后果不堪设想。

那么父母应该如何进行引导和改变呢？

（1）引导孩子停止抱怨。

不要以为孩子没有说这里不好，那里不行，就说明孩子没有抱怨。其实，孩子不愿意承认缺点、掩饰缺点就是一种抱怨的形式。父母在引导的时候可以告诉孩子：“缺点，不是用来隐藏的，而是应该改正。只要你积极改正缺点，信心就能提高。”

（2）让孩子接受缺点。

告诉孩子，每个人身上都有缺点。如果你觉得这个缺点暂时还改正不了，就应该懂得接受，而不是排斥。只要孩子知道了这些，他们就没有理由因为自己的缺点、不足、错误和失败而不能正视自己，不愿接纳自己。

## 他山之石

母亲姓名：邹红

职业：培训师

女儿姓名：莉莉，5岁半

莉莉马上就该上小学了。这本是一件好事，但我却始终担心：“莉莉能适应小学的环境吗？现在的竞争那么激烈，她能承受得了吗？”

我并不是杞人忧天，而是源于一点：莉莉既好面子，又自卑。她总是对自己不自信，不愿意别人说自己的缺点和不足，别人一说就哭，非要别人改口。

那次，幼儿园举行了绘画比赛，题目是“我的××”。莉莉选的题目是“我的奶奶”。她画完后给我看，我觉得挺好，就让她交了。

可第二天，莉莉就哭着回来了。

她的画在展出时被小朋友指出了缺点：因为粗心，涂色不匀。一些调皮的孩子还嘲笑她粗心。尽管莉莉一直为自己辩解，但小朋友还在笑她。正因如此，此后每次画画，莉莉都很“提心吊胆”，生怕有什么地方出了差错被人耻笑。而且，她也不敢把自己的画拿出来给别人欣赏了。

“莉莉可能是产生了自卑心理。”莉莉爸爸告诉我。

“可能吧，那该怎么办呢？”

“网上说，要让莉莉接受自己的缺点，父母要帮忙改正。”

尽管网上说得很简单，但我还是通过自己的理解按照其所说做了。

在莉莉画画时，我就告诉她：“你是有点粗心，但你不能掩盖它，要改正它。就像你身上被刺扎了一样，你不能用衣服把它盖起来，而要把它拔掉。是不是？”

听了我的话，莉莉有点迷惑。不过我没有放弃，在她画画、写作业、做事情的时候慢慢帮她纠正。后来又和她说了“接受自己”“正视自己”等话题。慢慢地，莉莉也就明白并照做了。

现在，莉莉的自卑心理得到了很好的调整。

## Part 7
# 家有懒宝宝

许多父母都很苦恼孩子动作太慢，懒懒散散，做事总是磨磨蹭蹭、浪费时间，尤其是在穿衣服和吃饭等生活自理方面。面对这样的孩子，父母该如何引导，让慢吞吞的孩子具备自己的“时间观念”呢？

**宝宝懒散度测试**

你家的宝宝有时间观念吗？做个测试就知道：

1.你家的孩子起床速度快(少于5分钟)吗？

A.快　　　B.不快

2.你家的孩子做事的时候需要你催促、时常完不成吗？

A.不是　　　B.是的

3.你的孩子有丢三落四的坏习惯吗？

A.没有　　　B.有

4.你经常帮孩子收拾书包或玩具箱吗？

A.不是　　　B.是的

5.你家孩子会帮你做家务吗？

A.会　　　B.不会

6.你嫌孩子做事慢吗？

A.没有　　　B.有

7.你或周围人常说孩子“慢性子”吗？

A.不是　　　B.是的

8.你的孩子做事总是注意力不集中吗？

A.不是　　　B.是的

现在，请统计你的选项以及测试结果：

“超级懒散型”孩子：测试答案中，如果A项只出现0～2次，说明你的孩子可能已经是个典型的“懒惰者”“慢性子”了。别的孩子5分钟就能做好的事，他却需要10分钟甚至更长时间。你再怎么催，他就是不着急。

“普通懒散型”孩子：测试答案中，如果A项出现3～5次，说明你的孩子有一定懒散、慢性子的倾向，尽管现在还不是特别明显，但如果不及时纠正和引导，情况就会严重。

“非懒散型”孩子：测试答案中，如果A项出现6～8次，恭喜你，你的孩子没有懒散、慢性子的坏习惯，你暂时不用为此担心。

## 1. 玲玲起床总磨蹭
## ——纠正宝宝的慢性子

“玲玲，快起床了，都8点了，再不起来就要迟到了。”玲玲妈妈一边急急忙忙地帮玲玲收拾书包、准备早餐，一边喊玲玲起床。

“妈妈，我再睡一会儿，我好困。”

“不行，马上就要迟到了，快点啊！”

5分钟过去了，玲玲还是没有起床。妈妈又开始催。

过了10分钟，玲玲才穿好了一件衣服，却躺在床上看起了小人书，一会儿又开始找玩具。

“玲玲，都8点半了，要迟到了，老师该骂你了。”玲玲妈妈有些无奈了。可玲玲依旧无动于衷。

妈妈亲自上阵，帮玲玲把裤子、鞋子穿上。可因为太着急弄疼了玲玲，玲玲就哇哇大哭起来，叫喊着不去幼儿园。

等折腾完了，都快9点了，为了不迟到，早餐只好在路上吃了。可是玲玲最后还是迟到了十多分钟。

“起个床就像打个仗，这孩子，为什么起床总这么磨叽呢？”

**案例深度解析**

玲玲起床之所以这么磨蹭，显然是做事拖沓或动作慢，这让父母非常烦恼。

而有这种烦恼的不止是玲玲的父母。因为在我们身边，像玲玲这样性子慢的孩子很多。孩子性子慢，自然做事慢，但孩子做事慢，可不只是因为性子慢。

孩子做事慢，与其成长特点有关。如在婴幼儿时期，孩子无论做什么都是慢慢吞吞、动作迟缓，这是孩子成长过程中的普遍现象（大脑和机体发育的过程），有一部分孩子就因为成长发育较慢而导致性子慢、手脚笨、协调能力差。

除此之外，还有一些原因：

（1）处于动作发展期。

通常，处在动作发展期的孩子会有手脚不灵活、不协调的表现，这是由于其神经肌肉的活动还不协调。

（2）受气质的影响。

一般来说，安静而缓慢型的孩子动作也缓慢。而如果孩子天生大气，比较成熟，行事就会三思后行，做事时想法也很多，这类孩子也会因过于慎重仔细而动作缓慢。

（3）注意力不集中。

孩子对周围的一切事情都很感兴趣。3 岁之前的孩子注意力总会因为被眼前的事吸引而忘记了手头的事。比如案例中的玲玲，在起床穿衣服的过程中，注意力就被小人书、玩具所吸引，所以浪费了很多时间。

（4）缺乏兴趣。

对某些事缺乏兴趣也是孩子产生拖沓心理的重要原因之一。比如孩子对画画没兴趣，那么，父母如果强迫孩子画，就会有画画一天都画不好的情形出现。相反，如果孩子对动画片感兴趣，可能就会一集接一集接着看，没几天就看完了。

（5）不良环境效应。

家庭环境对孩子的影响很大。如果父母或家庭其他成员性子慢，孩子十之八九也会是慢性子。因为他们已经习惯于慢慢吃饭、慢慢喝水了。时间长了，做事就习惯了拖拖拉拉。

**心理学家支招**

许多父母都有这样的苦恼，早晨起床想早点出门，但孩子却磨磨蹭蹭，你越说他越磨蹭，你不说他反而快一些。

如果孩子因慎重仔细而动作缓慢，父母不要太着急。因为这类孩子做事大多认真、高效。另外，孩子动作慢是相对成人而言的。有时是因为达不到成人所期望的速度，有时则是因为对成人的要求没有作出足够的反应，所以成人就会认为孩子太磨蹭。但对孩子来说，这是非常正常的。

如果孩子因性子慢而做事慢、反应慢，父母就要多留意了。因为幼儿期是动作发展的重要时期，动作缓慢的儿童往往容易出现不灵活、不协调的行为表现，影响今后的身体和智力发展，也会影响孩子的生活自理能力。

父母需要如何引导呢?

（1）比赛法。

父母可以与孩子进行比赛，如谁穿衣服快、谁整理被子快、谁洗脸快。同时，父母要给孩子设计一张“比赛”成绩表，每天记录完成的时间。如果有进步，就给予奖励，如果没有进步，就不给予奖励。

（2）情境体验法。

孩子做事慢，比如赖床，父母可以不叫他起床，故意让他迟到一次。当他因迟到受到老师的批评，尝到了拖沓的苦果后，今后就会想着加快速度了。

（3）规则效应。

父母可以给慢孩子立点规矩，如规定孩子半小时内吃完早餐，超时就收；孩子五分钟内洗不完脸，就收脸盆，并不许看动画片，这样孩子就会快点吃饭、洗脸。

（4）多锻炼孩子。

要让孩子自己的事情自己做。如，让孩子自己起床、穿衣服、穿鞋子。熟能生巧，做事速度自然就快了。还要多带孩子做一些运动，增强孩子的反应能力和身体灵活性，如打羽毛球、乒乓球、跳绳。

**他山之石**

母亲姓名：周美美

职业：公司文员

女儿姓名：佩佩，5岁

佩佩5岁了，和很多孩子一样，做事总是拖拖拉拉。为此，我没少和她发火，但收效甚微。

有一天，我和佩佩要出去玩，让她自己换衣服。一听到是去玩，她很爽快地答应了，开始翻箱倒柜找衣服。

可半小时过去了，佩佩竟连要穿的衣服都没找到，还坐在地上给那些玩具娃娃在穿衣服呢！

这下我可气坏了，一把把娃娃扔进箱子里，呵斥佩佩赶紧穿衣服，否则一个星期不准出去玩。佩佩被我吓坏了，呆呆地哭，什么事都不敢做。那天，我们哪儿都没有去成。

到底该如何改变这种情况呢？后来我意识到，可能在孩子眼里时间是用不完的。所以，我决定让她知道拖沓的后果。

我和她约法三章：

晚上八点半之前不睡觉就不能听故事；

早上七点半之前不起床就不能吃早餐；

两小时之内不写完作业，就不能看《喜羊羊和灰太狼》；

……

刚开始的几天她还能坚持，可慢慢又不行了。那天，两道作业题竟然三小时还没做好。我就果断地把电视关了，并宣布谁都不许看。佩佩看我来真格的，急忙做完作业让我看，想要再看电视。我摇了摇头："你超时了，不能看电视了。现在是睡觉时间，再不睡听故事的机会也没了。"

佩佩委屈地要哭，但见我没理她，只好准备睡觉。我就信守承诺，给她讲故事。

尝到拖沓的苦果之后，佩佩的时间观念果然强了很多，拖沓的习惯也慢慢改正了。

## 2. 半小时写两个字
## ——孩子没时间观念，如何引导

“妞妞，赶紧写作业了，一会儿就要吃晚饭了。”

妞妞刚回家，妈妈就在催她写作业，因为她几乎每天都要花两三个小时来完成作业。作业不多，但她却喜欢拖拖拉拉，一点时间观念都没有。

半小时过去了，妈妈的晚饭做好了，就到妞妞的房间去看，却见妞妞正趴在地上玩一堆铅笔头。

“妞妞，作业做完了吗？”妈妈问。

“快了，妈妈。”妞妞说。

“饭已经做好了，让我看看你写了多少了。”妈妈一边说，一边拿过她的作业本开始检查。可翻来翻去，却没见到所谓的作业在哪儿，本子上就写了两个字。

“这就是你的作业？半小时就写了两个字？”妈妈忍不住发了火。

“我……”妞妞想要狡辩。

“我什么我，看来你今天是不想吃饭了。”妈妈把作业本拍在妞妞的面前，直吓得妞妞大哭起来。

这样的情况几乎每天都会上演，但妞妞却没有任何的改变。

**案例深度解析**

半小时写两个字，任何一个父母遇到这种情况都会发火。不过发火之余，父母们应该多反思，为什么孩子会出现这种情况？很简单，因为孩子没有明确的时间观念。

十个孩子九个慢，皇帝不急太监急。但急没用，要先了解孩子缺少时间观念的原因。

通常，孩子在婴幼儿时期，特别是5岁之前，还没有时间意识，所以，没有时间观念是正常的。由于没有时间观念，很多孩子爱磨蹭，收拾书包要半小时、穿衣服要半小时……如果真的让这些孩子自己做，估计一天也就过去了。

除此之外，还有什么原因让孩子做事慢呢？现具体分析如下：

(1) 注意力持续时间短。

孩子和成人不一样，他的注意力持续时间比较短，所以会出现“做做停停”的情况。比如案例中的妞妞，在做作业时，注意力被玩具吸引，所以半小时才写两个字。

(2) 不良习惯的影响。

很多孩子在做事时习惯性地分散自己的注意力。边上一有风吹草动，他们就会去注意。即使周围环境很安静，他们也会没事找事。另外，父母的不良习惯也会给孩子带来不良影响，比如边吃饭边聊天、边干活边看电视等，这就给孩子树立了不良的榜样。

(3) 做事缺乏计划性。

孩子做事往往是想到什么就做什么，没有系统性和计划性，所以就容易被环境吸引注意力。就算父母为孩子设定了时间也不管用。

**心理学家支招**

孩子做事慢有很多原因，而缺少时间观念便是原因之一。孩子缺少时间观念，自然就没有紧迫感。因而，要想改变孩子做事慢的行为，需要从帮助孩子培养时间观念入手。

如何培养孩子的时间观念，让孩子有紧迫感呢？方法有很多，如给孩子买个图案漂亮、造型可爱的闹钟，并告诉孩子，时针在哪个位置时应该起床、在哪个位置时应该睡觉、在哪个位置时要关电视等。

此外，父母还可以采用以下几种方法：

（1）父母以身作则。

父母以身作则非常重要，如说好晚上十点上床，父母就一定要按时上床，不能因为有好电视剧而拖延上床时间，否则不利于孩子改变做事慢的行为。

（2）时间分隔法。

鉴于孩子注意力持续时间短的问题，父母在要求孩子做某件事情的时候，可以采用“分隔时间”的方法来达到目的。比如估计要用一小时完成的作业，可以把时间分成三段，每段 20 分钟。中间休息 5 分钟或 10 分钟。这样孩子就能在规定时间内集中精力地做作业。当然，也可以根据分解作业量的办法来达到目的。比如，有 12 道数学题，可以规定每做完 4 道题就休息 10 分钟，然后再做下一个 4 道题。

（3）同伴互补。

对于慢性子的孩子，可以让他们和性子比较急、做事风风火火的小伙伴多接触。这样，孩子就会受到同伴的影响，进而积极模仿急性子的孩子做事。时间一长，做事自然就会快一些。

（4）运用规则效应。

规矩，难成方圆。培养孩子的时间观念也如此。父母应该早给孩子立规矩，如，早晨 7 点起床，起床才有故事听。如果孩子确实太慢，父母可以稍帮些忙，但绝不能包办。

（5）先做重要的事。

父母要让孩子明白，一定要先做最重要的事。如，早上孩子不想洗脸。父母就要告诉他这是起床后最重要的事，并要求他在几分钟内做完。平时一点一滴的训练，可以渐渐让孩子意识到事情的重要性是可以排序的。这样，孩子做事时就会有紧迫感与时间感了。

**他山之石**

母亲姓名：艾妮

职业：专职母亲

儿子姓名：川川，5 岁

我的儿子聪明可爱，如果不调皮就更好了。但这只是奢望而已，因为他根本就没有时间观念，做什么事情都拖拖拉拉、毫无章法可言，让人急死。

有一天，我的一个朋友结婚，婚礼定在 11 点。我和川川商量好，9 点半出发，估计 10 点半就能到现场。为了吸引他的注意力，我还特意说："早点去了，我们就有糖果吃，不然都被别人吃完了，轮不到我们了。"

川川听了之后，爽快地答应了。可临行前，这小家伙还一个人自顾自地玩，根本没把我的话放在心上。我越催他，他越是赖着不走。看我火了，他又要赖躺在地上闹。结果我们成了当天到场最晚的。

为了改变他的坏习惯，我决定对他进行引导。

刚开始，我先从自己身上找原因，看自己是不是也有些拖拉。也确实如此。接着，我和川川商量，给他制定了一个时间表，什么时间上床睡觉、写作业、看电视，让他有章可循。最后，我还给他找了一个好伙伴：他的表弟。这个小家伙很有时间观念，自制力特别好，能够在规定的时间里完成规定的事。在他的影响下，川川没有时间观念的情况有了明显的好转。现在出门，再没有原先那么困难了。

## 3. 找不到作业本的莹莹
## ——怎样帮孩子提高自理能力

莹莹今年6岁，都上小学了，可还是改不了丢三落四的毛病。这不，前几天就忘带作业本了。

“莹莹，你的作业本还没交。”老师对莹莹说。

莹莹一阵脸红，使劲翻书包，可找了几遍都没找到。

“莹莹，你的作业呢?”老师问。

“老师，我找不到了，我妈妈没给我放进来。”平时一贯很听话的莹莹眼泪刷地流了下来。

“你的作业本为什么要你妈妈帮你放呢?”老师问道。

“每次都是我妈妈帮我放的，昨天她加班没有回来，所以……”莹莹尽量解释。

“好，今天就算了，明天记得交给我。下次可不能再让你妈妈帮你放了，要记得自己收拾，好不好?”老师很耐心地教育道。

“好，我记住了。”莹莹如释重负。

老师的话莹莹却根本就没记住，每次写完作业，还是把作业本往桌子上一扔，等妈妈来收拾。但是，妈妈经常要加班，晚上不能回家，总是忘记帮她收。莹莹也就经常找不到作业本。

**案例深度解析**

丢三落四、毛手毛脚是现代孩子们的通病。就像案例中的莹莹一样，只要妈妈没帮她收拾书包，就找不到作业本。说到底，这是孩子缺乏自理能力的一种表现。据某调查结果显示，3～9岁的孩子中，近60%的孩子都出现过上学忘带作业本的情况。由此可见，缺乏自理能力是现代孩子的通病。这类孩子除了丢三落四，还有很多事情不会做，如不会收拾书包、不会剥鸡蛋、不会削铅笔……

那么，为什么这些孩子的自理能力是如此之弱呢？有以下几个原因：

（1）父母的包办。

很多父母都在抱怨孩子的自理能力差，却不知真正的根源在于自己的大包大揽。因为孩子年龄小，在自理时常不懂程序和方法，如果碰到困难，爸爸妈妈不去教孩子，只去代劳，所以导致了孩子不能自理。

（2）责任意识的缺乏。

在很多孩子的心目中，自己没有做好事是因为父母没有帮忙准备好，他们不会从自己身上找原因，只会单纯地把责任往父母身上推，就像案例中的莹莹一样。而一旦孩子习惯于此，就更不会想着这是自己的错误，需要自己去改变了。

（3）不良习惯的影响。

孩子在日常生活中有一些不良的习惯。比如做完作业不收拾，习惯性地往边上一放就去玩了。也有的孩子总是早上收拾书包，因为快要迟到，所以匆匆忙忙落下了书本。有了这些不良的习惯，孩子的自理能力自然也会受到影响。

**心理学家支招**

孩子做事情总是丢三落四、毛手毛脚，这是自理能力低下的表现。一个孩子自理能力的强弱，直接影响到其个性的发展。通常，自理能力差的孩子多独立性差、做事没主见、依赖性强。因此，父母一定要注意及早培养孩子的自理能力。

通常，如果父母在孩子3岁左右加以引导，孩子基本就会自理了，如吃饭、洗手、刷牙等；到了4岁，大部分孩子就可以学习叠被子、整理床铺以及自己照料生活了；五六岁以后，父母可以要求孩子迅速穿脱衣服、洗脸洗手要洗得干净等。

父母还可以用以下方法来培养孩子的自理能力：

（1）培养孩子的责任感。

东西乱放，自然找不到。但孩子却不担心，因为他们知道父母会时时提醒。很显然，孩子就会缺少责任心。父母想要培养孩子的责任心，可以从整理他自己的书包、文具做起，如让孩子自己整理书包。

（2）自己的事自己做。

孩子5岁左右，可以让他自己洗脸、洗袜子。洗澡时，父母可以帮他把水温调好，把毛巾准备好，让他自己去洗。这样就可以培养孩子的自理能力。

（3）积极的环境效应。

父母要想培养孩子的自理能力，一定要给孩子创造积极的环境，如可以让孩子与自理能力强的孩子多接触。此外，也要给孩子创造必要、合理的自理条件，如，让孩子有自己的小床、小被子；给孩子设一个小厨子，方便孩子取放；洗脸盆要小而轻便、洗脸巾要短而薄等。这样，才有利于孩子自理能力的培养。

**他山之石**

母亲姓名：陈琳敏

职业：超市领班

女儿姓名：毛毛，5岁

“妈妈，我昨天画好的那张画呢？就是那张米老鼠。”一大早，毛毛就在找自己昨天的作业，一遍又一遍地问我，好像在找我的东西一样。

“在你的桌子上，被你的衣服盖住了，拿开就能看到了。”看到她忙碌的样子，我只好帮她。可两分钟之后，她又喊了起来：“妈妈，我今天有美术课，你把我的彩笔放在哪里了？一会儿你帮我放进书包，我先吃早饭。妈妈快点，不然我就要迟到了。”

每天早上，我都像在打仗，各种忙乱，各种收拾。那天等她走后，我才突然想起我忘了给她放彩笔了。这可怎么办？本来想给她送过去，可因为急着上班，就没送去。

晚上，毛毛把所有的怨气都撒在了我的身上。刚开始我也觉得挺内疚，毛毛明明让我帮忙，我却忘了。可后来一想，我为什么要内疚呢，这是她自己的事情，她为什么不自己做呢?

我就和毛毛谈了一次，告诉她妈妈很忙，早上很早要出去，以后不能叫她起床，也不能帮她收拾书包，没时间给她做早餐了。还告诉她得自己起床、自己穿衣服、自己去外面买早餐吃、自己收拾书包。如果掉了东西没有收拾，也不会有人给她送过去。

听了我的话，毛毛很惊讶，但看我一脸严肃的样子，知道我不是在开玩笑，只好艰难地点了点头。我就又给她提了建议，比如晚上就把书包收拾好，衣服就放在床边，免得第二天找……

第二天，我故意很早离开了家，看看毛毛是不是能自己做好这些事情。等她头发蓬松地上学之后，我回家一看，铅笔刀没拿。那天回来，我问她："你的铅笔刀没带，你用什么削铅笔啊?"没想到她非常不屑地说："我傻啊，我不会跟我的好朋友借啊。"

看来是我多虑了，决定以后闭嘴，让她自己解决这些问题。实践证明，这种做法非常好，现在，毛毛已经改掉了丢三落四的坏习惯，再也不是那个毛手毛脚的小姑娘了。

## 4. 虎子的房间像狗窝
## ——如何帮孩子养成生活好习惯

“妈妈，我的变形金刚在哪儿?”虎子大声问。

“我怎么知道，就在你的房间，你自己找找看。”虎子妈妈正忙着做饭，哪有时间去管他。

虎子就开始翻箱倒柜。玩具箱、衣橱、书桌、床底……一股脑儿翻了个遍，最后终于在卫生间的洗澡盆旁边找到了。这时虎子才想起来，这是昨天洗澡时扔在那里的。

妈妈做完饭出来一看，顿时傻眼了。昨天刚把虎子的房间整理好，现在又乱七八糟了。刚才找变形金刚，虎子到处乱翻，翻完也不收拾，书本扔得满地都是，脏衣服和干净的衣服混在一起堆在床上，玩具箱倒在地上，玩具撒得到处都是……整个房间就像一个狗窝。

“为什么你用完东西后不放好呢?”妈妈很生气地说。

“忘了，明天你再帮我收拾收拾吧。”虎子嬉皮笑脸地说。

“那你今天怎么办?”

“我啊，就在这个狗窝里委屈一晚上吧!”才7岁的虎子说起话来已经很幽默了。

虎子妈妈很无奈。为什么虎子这么大了，还是无法养成良好的生活习惯呢?

**案例深度解析**

虎子的房间一团乱，却不懂得收拾，并不是他没有这个能力，而是他没有养成这样的好习惯。其实，很多孩子都没有养成这样的习惯，吃完饭把碗一推，玩具玩完随手乱扔，作业写完了书本到处放，第二天又到处找……

面对这样的孩子，父母可能会很生气，但却不知道孩子为什么会这样。其实，这和父母的纵容有关。在调查中，90%的父母会帮孩子收拾房间，8%的父母会督促孩子自己收拾，2%的父母会不闻不问。由此可见，父母无条件的帮忙是导致孩子养成这个坏习惯的主要原因。当然，除此之外，还有其他的一些因素：

(1)“坏榜样”效应。

如果家里有一个“坏榜样”，模仿力强的孩子也就会负面模仿。如果爸爸不爱收拾房间，经常把东西乱扔乱放，孩子就会模仿，所以无法养成好的生活习惯。

(2)教育方式不当。

如果孩子养成了一些坏习惯，父母仅仅是抱怨、责备，却不去教导孩子自理。比如，没有告诉孩子自己的房间该自己收拾，哪些生活习惯不好，哪些习惯应该学习，如何才能养成好的习惯等。这样必然导致孩子自理能力缺失。所以，将房间弄得乱七八糟却不懂收拾，也就不足为奇了，就像虎子一样。

(3)父母不注意孩子秩序感的建立。

从儿童成长特点来看，4 岁之前是秩序感建立的敏感期。这个阶段，孩子需要了解生活作息和日常习惯等方面的秩序性。但如果父母不注意孩子秩序感的建立与培养，孩子就不会建立好的秩序感，自然就会出现乱扔玩具的现象。

## 心理学家支招

在现代社会中，很多孩子都没有养成良好的生活习惯。其原因除了父母的包揽，和当今的社会风气也不无关系。想在一夜之间让孩子把这些不良习惯都改正过来是不现实的，凡事都得有个过程。而父母如果强迫孩子去改，很可能适得其反，甚至破坏彼此之间的感情。

那么，具体该如何做呢？

（1）“甜柠檬”效应。

想让孩子改正不良习惯，可用上文提到过的“甜柠檬”效应。要让孩子看到自己的优点和好习惯，并时不时夸他。如果孩子饭前洗手，父母一定要说：“饭前知道洗手了，真棒！值得我为你骄傲。”

（2）巧用激励效应。

如果孩子已经开始努力改正，不管有没有效果，父母都应该予以肯定，必要时还可以给孩子奖励，如带孩子去动物园等。在物质和精神的双重激励下，坏习惯的改正会变得更容易一些。

## 他山之石

母亲姓名：陶玉林

职业：收银员

女儿姓名：娇娇，6 岁

娇娇再一次把家里弄得一片狼藉。

我终于发火了，狠狠地揍了她一顿。娇娇哇哇大哭。

听着她的哭声，我逐渐冷静下来，开始思考：“为什么娇娇总习惯乱扔东西、乱放东西？”

“还不都是你给带坏的？”老公道。

我承认，我确实有一些坏习惯，比如用过的东西没有归位、鞋子到处乱摆、茶杯到处乱放……

“要想纠正娇娇身上的坏习惯，你得先把自己的坏习惯改正了。这样，娇娇才会有一个好榜样。”老公的话说得很诚恳，我也很赞同。

第二天，我向娇娇道了歉，然后和她约定，两个人一起改正坏习惯。娇娇很惊讶，但还是答应了。于是我们开始“互相监督”，看到谁有坏习惯，就提出批评。

我又告诉娇娇：“你身上有很多好习惯，比如吃完饭后会帮妈妈收拾碗筷，家里来了客人你会帮着招待。如果你能把身上的坏习惯都变成好习惯，那就太好了。”

在我的“引诱”下，娇娇勇敢地向这些坏习惯“挑战”。

三个月过去了，娇娇身上的坏习惯已经被“消灭”得差不多了。为了表示鼓励，我答应带她去吃肯德基。没想到她生气地说：“吃垃圾食品也是一个坏习惯，要坚决改正……”

听到女儿的这种“抗议”，我的心里开心极了。

## 5. 露露从不自己洗脚
## ——怎样培养孩子的独立意识

“露露，赶紧去把脚洗了，要睡觉了，都9点了，再不睡明天就起不来了。”妈妈催促露露。

“不去，我的脚很干净。”露露嘟着小嘴说，然后抬起黑糊糊的小脚看了看。

“还说干净，你看看都脏成什么样了?”露露爸爸见了，重复了妈妈的指令，“赶紧去洗，一会儿要睡觉了。”

露露往卫生间看了看，没有挪步，好像挺害怕的样子。

“把灯打开就不黑了。快去吧!”妈妈看出了露露的迟疑，随口说道。

“我……我不想去。”露露面露难色。

“为什么不想去?”妈妈很奇怪。

“我就是不想去，我不想一个人去洗脚。”

“是害怕吗?”爸爸问道。

“不是，我就是不想一个人去。妈妈，你陪我一起去好不好?”露露的眼中满是恳求。

在露露的强烈要求下，妈妈只好陪她去洗脚。

这样的情况已经出现过很多次了。在妈妈的印象中，露露从没自己洗过脚，也从没自己洗过澡、换过衣服。几乎所有的事情，只要让她一个人去完成，她都会拒绝。

## 案例深度解析

露露不愿意一个人去卫生间洗脚，不是因为害怕，而是露露“独立意识不强”的表现。

所谓“独立意识不强”，是指孩子不愿意自己一个人做事，非要别人跟着、有人陪着才乐意去做。在我们身边，“独立意识不强”的孩子并不少见，且有着不同的表现：不愿意一个人去学校、不想一个人吃饭、害怕一个人待着、不能一个人做作业等。如果出现“独立”的情况，他们往往会有害怕、恐惧、退缩、不知所措的表现。

为什么这些孩子的独立意识不够强呢？

（1）独立空间不够。

人们常说，空间决定思维。这就是环境对一个人的影响。现在的孩子虽然生活条件很好，但独立空间并不多。即便有自己的小房间，父母也经常会“闯入”，干扰孩子独自玩耍。孩子没有足够的独立空间，独立完成一些事情的练习自然就会缺乏，久而久之，独立意识就会缺失。

（2）父母教养方式有问题。

面对孩子的请求，很多父母总是难以拒绝，往往是协助他们完成所有的事。比如写作业要父母讲解，洗澡要别人帮忙，书包要父母收拾，吃饭要别人帮着盛……孩子的所有事都需要帮忙。而他们一旦离开了父母，就不知道该如何做事了。

## 心理学家支招

缺乏独立意识，既会影响孩子良好个性的形成，也不利于孩子的人际交往。所以父母一定要重视。

孩子独立性差，父母该怎么办？美国著名心理学家艾里克森指出，3～6岁的儿童心理发展的主要任务是养成主动性和独立性。父母应该好好利用这一时期，把孩子培养成一个独立自主的人。具体该如何做呢？

（1）引导孩子思考。

在孩子3~6岁之间，父母不要离开孩子，也不能过分保护孩子。当孩子遇到问题时，不要急于给出答案，应该引导他们去思考。

（2）提高孩子明辨是非的能力。

孩子该做什么、不该做什么，父母都应该给出明确的意见，不能因为孩子的哭闹、闹情绪而轻易改变。对于孩子来说，这是父母的权威。不过，父母要注意一点，这种权威不是专制，而是要引导孩子养成明辨是非的能力。

（3）让孩子学会“动手”。

孩子3岁之后，就已经具备了一定的动手能力。父母应该给孩子创造机会，培养孩子做些力所能及的家务，让他们能感受到自己的能力，对自己充满信心。这样有助于培养孩子积极、阳光的性格。

**他山之石**

母亲姓名：曾小燕

职业：企业职员

女儿姓名：艾艾，5岁

吃早餐时，艾艾要吃鸡蛋，我就给她买了一个，可她却吵着要我帮她剥。因为那天我急着上班，就让她自己做。奶奶也在旁边说：“艾艾，你都5岁了，会自己剥鸡蛋了。”

“妈妈，我不会剥……我要吃鸡蛋……”艾艾哭了起来。

“不会剥鸡蛋？那就让奶奶教你吧，妈妈先去上班了。”说完我就上班去了。

晚上回到家，艾艾的奶奶告诉我，最后鸡蛋还是她给艾艾剥的，因为艾艾根本不会，一剥就碎了，根本没法吃。

当天晚上，我躺在床上就想：“连剥鸡蛋这点小事都做不了，艾艾的独立性太差了。”

看来，我得提高艾艾的独立意识了，不然以后上小学（要寄宿）她不得饿肚子？意识到问题的严重性，我决定放手让孩子做一些事情。

第二天我休息。艾艾又吵着吃鸡蛋，我就告诉她："今天妈妈教你剥鸡蛋好不好？以后你就可以自己拿着吃了。"听了我的话，艾艾似乎很感兴趣。

拿到鸡蛋之后，我一步一步地教她：先把鸡蛋敲碎，然后揉一揉，最后剥开……艾艾学得很认真。

从这以后，我开始慢慢放手，让艾艾做一些力所能及的事。比如教她洗袜子、洗碗、拖地。

慢慢地，艾艾的独立意识有了很大的提高。现在，我已经不再害怕她上小学饿肚子了。

## 6. 从不帮妈妈择菜
## ——家有懒宝宝，父母如何从“心”引导

鑫鑫今年已经7岁了，长得很壮。这孩子其他的还好，就是非常懒，什么事都不愿做，家务事更是不愿插手。他还说：“我还是个孩子，父母不能虐待孩子。”

有一天，家里来了客人，妈妈做菜时正好有菜要择，就喊鑫鑫来帮忙：“乖儿子，帮妈妈把菜择了，好不好？妈妈等着炒呢！”

“不行，我不择。”鑫鑫在客厅里喊道。

“你现在不是没事吗？看妈妈锅里都快着火了，你帮妈妈择一下吧，乖啦。”妈妈近乎恳求。

“你不会把火关了啊。妈妈，你怎么那么傻啊？”

妈妈很无奈，不得不把火关了择菜。

为什么鑫鑫这么懒，不愿意帮妈妈择菜呢？

**案例深度解析**

显然，鑫鑫并不是个勤快的孩子，他是个典型的“懒宝宝”。

从儿童成长特点来看，3岁之后的孩子就已经有能力干一些家务活了，但又有几个孩子真正去做呢？据某调查显示，只有8%的孩子会主动帮助父母做家务，40%的孩子在父母的要求下会做，剩下52%的孩子和案例中的鑫鑫一样，即使一个人待着，也不愿意帮忙。这说明孩子太“懒”了。“孩子太懒了”“一点都不会帮忙”“不帮忙还捣乱”是很多父母经常抱怨

的事。

孩子为何如此懒散呢？显然，与父母的过分纵容有一定的关系。此外，还与以下因素有关：

（1）教育方式不当。

孩子对任何事物都很好奇，总想跃跃欲试，例如：扫地、洗碗等。可很多父母却怕孩子做不好或弄坏东西而加以制止，这就打击了孩子做事的积极性。孩子自然就变懒散了。

（2）孩子不知父母的苦。

孩子并不知道父母的苦，他们甚至觉得这是理所当然的，渐渐变得习以为常。那么，当父母要求孩子做家务事时，孩子的第一反应就是拒绝。懒惰的习惯由此产生。

（3）“隔代惯”效应的影响。

在现代社会，“隔代惯”的现象非常严重。爷爷、奶奶、姥姥、姥爷总是惯着孩子。孩子想要什么就给什么，想要怎么做就怎么做，就是不让孩子自己做事。慢慢地，孩子就养成了任性、懒散的坏习惯。

**心理学家支招**

如果家有懒宝宝，父母一定很头痛。

懒宝宝总是不做事，凡事总让父母帮忙。而有的懒宝宝宁愿挨打，也不愿意勤快一点。

很显然，懒惰是一种不良习惯，如果父母不加以引导，孩子长大后多不爱学习、不爱做作业、不爱温习功课。

父母如何引导懒惰的孩子，才能让他变得爱做事、爱学习呢？

（1）巧用故事法。

用讲故事的方法引导孩子是个不错的方法。比如，父母可以找一些有关名人勤奋的儿童读物让孩子看，或给孩子讲一讲。也可以讲一些因为懒惰而失败的故事。

（2）激励效应。

父母可以与孩子进行扫地或洗衣服比赛，并制定一套奖励标准激励孩子。

如吃饭后收拾碗筷有什么样的奖励，帮忙洗衣服有什么样的奖励等。只有标准明确、奖励明确，才能激发孩子参与的兴趣。而孩子参与多了，自然就爱做事了。

（3）情境体验法。

孩子可以懒惰，父母同样可以“懒惰”。比如孩子不帮忙择菜，父母也可以懒得做晚饭，大家都饿肚子；如果孩子不帮忙把脏衣服放进洗衣机里，就让他穿脏衣服……这种“以懒对懒”的做法，能让孩子意识到懒惰的危害，从而逼迫他们改正。

**他山之石**

母亲姓名：白小莹

职业：初中教师

儿子姓名：叮叮，6岁半

可能是由奶奶带大的原因，叮叮非常懒惰。家里的事情不帮忙也就算了，连自己的事情都懒得做。

他现在上了小学，而且还是少先队队员，这样懒惰又怎么行呢？在我教过的学生中，就有很多聪明的学生因懒惰而学习差的。

“绝不能让叮叮懒惰的习惯再继续下去了！”晚上，我和叮叮他爸说起了这个话题。

“我也知道。”老公一脸惆怅地说，“可我们怎么帮他呢？”

“好办，我听我们班一个学生说了，他爸妈当初为了改正他懒惰的毛病，用了‘懒惰法’。”

“懒惰法？什么意思？”

“就是说，我们要和叮叮一样懒惰起来，让叮叮知道懒惰的危害性，逼他自己去改。”我解释道。

“嗯，这方法不错，可以一试。”老公拍手叫好。

第二天，我就和叮叮说了这件事。不过叮叮没太在意，毕竟很多时候我说话他是不听的。晚上下班，我让叮叮把他的脏校服放进洗衣机里洗。叮叮不愿意，显然，他的懒惰劲儿又犯了。我就告诉他：“如果你不放，明天你就只有穿脏的了。”叮叮“嗯”了一声，还是没动。后来我洗衣服的时候，就故意没去他房间拿。

第二天起床，叮叮才发现我说的是真话。可是上学又不能不穿校服，无奈只好穿着脏衣服去了。

后来，叮叮又因为懒惰饿过一次肚子、忘带过一次作业本、戴过一次脏的红领巾。经历了这些后，叮叮明显变得勤快了起来。

## 7. 女儿是个“马大哈”——粗心的孩子如何教

心心是个“马大哈”，做事总是丢三落四。

“闺女，快点去帮妈妈买包盐，家里没盐了，一会儿妈妈要用。”妈妈对心心喊。

心心比较勤快，听到妈妈的“求援”，便放下手头的玩具，拿了10块钱买盐去了。

10分钟后，心心回来了。

“妈妈，给你盐。”心心把盐往桌上一扔，转身又去玩了。吃完饭，妈妈忽然想起一事，就问心心：“叔叔给你找的零钱呢？”

“我给你了，和盐一起放的啊。”心心随口说道。

“没有啊。”妈妈特意过去看了一眼，确实没有。

“那我就忘了，反正我是拿回来了。”心心边说边看电视，一点都没把这事放在心上。

“没在你兜里吗？”妈妈问。心心掏了半天，还是没有。

第二天，妈妈在收拾房间时发现了零钱——在沙发底下。显然是心心不小心掉进去的。

这样的事，心心几乎每天都会遇到。找不到本、丢了零钱、忘了玩具在哪儿、不小心把东西弄坏、考试题明明会做却做错了……

为什么心心这么粗心？

**案例深度解析**

心心这是典型的“马大哈”表现。

丢三落四的宝宝有这样一些特征：独立性差、依赖性强、粗心大意、毛毛躁躁、没有检查习惯等，小男孩的身上这种情况尤为明显。我们经常听到一些父母在抱怨：“明明那些题他都会，由于太粗心，考试时都做错了。”“考试竟然忘了写名字。”“我孩子很聪明，可就是个‘马大哈’”。“给他的东西一会儿就找不到了，他自己也不记得放在哪里。”“丢东西是常有的事。”……

或许很多父母仅仅把孩子的“马大哈”表现归罪到孩子“不小心”上，但“不小心”只是众多原因中的一个，除此之外，还有另外一些原因。

（1）自控力差。

3岁左右的孩子自控力差，注意力很容易被周围所发生的事情吸引，而忘记了自己该做的事。比如，做作业时可能被窗外的小鸟吸引、收拾书包时可能被客厅的动画片吸引……一旦孩子的注意力被外界所吸引，就很容易走神，出现差错。

（2）不良规则效应。

很多父母为了改正孩子拖拉、磨蹭的坏习惯，就给孩子制定了规则。但这些规则只“规”，没有相应的奖惩措施。孩子表面守了规矩，但却养成了“马大哈”的习惯。如有的父母规定孩子做一小时作业才能去看电视。为了能早点看电视，孩子很容易产生“对付心理”。作业的质量自然不会高。慢慢地，孩子就养成了粗心的坏习惯。

（3）不良的心理暗示。

有时，父母因为孩子的粗心而打骂孩子，一遍又一遍地说他粗心：“你怎么这么粗心？说你多少次了，让你认真些，为什么还这么粗心？”说完再要求他以后不许再粗心了。父母这样做却是在给孩子消极的心理暗示，是在强化孩子的粗心。因为潜意识只接受有实质性意义的信息。这样一来，孩子只会变得越来越粗心，而不是越来越细心。

（4）身心疲劳所致。

心理学家认为，疲劳是由于长时间持续活动而导致学习能力减弱、效率降低、错误率增加的心理状态。在疲劳的状态之中，粗心问题就不可能被纠正。比如，有的父母规定孩子必须练琴3小时。孩子刚开始可能练得挺好，后来累了就错误百出了。

（5）大包大揽。

父母如果凡事包办，对孩子过于保护，也容易教养出丢三落四的“马大哈”孩子。如果你也是如此，那么一定要学会狠心些，如，不再替孩子整理书包的东西，不再帮孩子穿衣服。这样才能给孩子创造一个积极的环境，才有利于孩子改掉丢三落四的毛病。

**心理学家支招**

如何才能帮孩子改掉粗心的毛病呢?

（1）为孩子准备一本错题集。

给孩子准备一本错题集，让孩子把自己所犯的错误都记录下来。当一些“粗淋淋”的事实摆在面前时，可以让孩子意识到自己身上的坏习惯，从而自觉改正。

（2）培养专注力。

要想让孩子变得更加细心，培养孩子的专注力必不可少。比如，可以给孩子一个相对安静的环境，在孩子写作业时不打牌、不看电视、不聊天等，以免给孩子造成干扰。另外，还可以配合使用奖励、肯定的方法。

（3）激励效应。

父母可以用激励效应来帮孩子改正粗心的毛病，如给孩子一些承诺，只要他认认真真、全神贯注地完成了学习任务，他想干什么、玩什么（只要是正当的事情）都可以。让孩子知道专注做事情的好处，慢慢就能养成好习惯。

（4）巧用积极的心理暗示。

要让孩子变得细心，可以给孩子一些积极的心理暗示。比如在他粗心的时候不理他，淡化他的粗心；在他偶尔细心时马上表扬他，强化他的细心。这样，孩子慢慢就会向细心的方向发展了。

（5）体验法。

如果孩子老是粗心大意，父母也可以“粗心大意”一回。比如忘记给孩子零花钱、菜里忘记放盐、出门忘记带钱包等。当孩子尝到这些小失误带来的后果后，就能意识到粗心大意的“危害”了，自然也就会积极主动地改正。

## 他山之石

母亲姓名：郑敏

职业：配菜师

女儿姓名：雯雯，8岁

雯雯还在幼儿园上大班的时候，我就发现她有粗心大意的毛病，有时忘记拿书本、有时找不到自己的玩具，有一次竟然不知道把家里的钥匙放在哪里了。

看来，雯雯粗心大意的毛病应该改改了，不然后果不堪设想。可是该如何改呢？我想了很久，决定装“傻”——向雯雯“学习”“马大哈”的行为。

雯雯喜欢吃煎鸡蛋。有好几次，我不是“忘记”了放盐，就是多放了一次，雯雯的早餐就吃得不那么“愉快”了；周末，我带她出去游玩，不是“落下”了准备好的点心，就是“忘记”带钱包了，不得不悻悻而归；和雯雯上街，我又故意不带上钱，等她选好心爱的东西，却不得不忍痛放下。

刚开始几次，雯雯还能忍受我的“马大哈”行为，可是时间长了就有怨言了。雯雯他爸也抱怨我：“你最近怎么丢三落四的，像掉了魂一样？”

对于父女的抱怨，我不屑一顾：“这有什么啊，我只不过偶尔粗心，又不是经常性这样。”

正是这句话让雯雯抓到了“把柄”。她干脆把我的“罪行”一股脑儿说了出来。等她平静了，我漫不经心拿出她的作业，要她看看她的“粗心”。雯雯立时明白了我的意思，红着脸向我吐了个舌头说：“妈，我知道了，我以后做作业仔细一点，省得你天天这么折磨我和爸爸。”

听了雯雯的话，我很高兴，说明我最近一段时间的努力没有白费。此后，雯雯粗心大意的毛病很快就改正了。

# Part 8
# 娇气宝宝如何教？

生活中总是有很多孩子非常脆弱、娇气，见不得别人的批评，也无法接受别人的否定。别人说话大声了一点，也会吓得他们哇哇大哭。面对这样的孩子，父母千万不能听之任之，应该积极引导和改变，让孩子懂得接受挫折，变得坚强。

**宝宝坚强度测试**

一个孩子是不是足够坚强，不能仅仅从孩子是否经常哭闹来判断，最为关键的是他们的心理健康，他们能够直面挫折，接受失败的现实。如果你没有明确的答案，不妨给你的孩子做个测试。

1.你的孩子如果没有得到自己想要的,会经常哭闹吗?

A.不会　　B.会

2.如果他的玩具被小朋友抢走,他敢去要回来吗?

A.敢　　B.不敢

3.在受到委屈的时候,你的孩子会哭吗?

A.不会　　B.会

4.你的孩子经常被别的孩子欺负吗?

A.不是　　B.是的

5.你觉得你或者家人溺爱孩子吗?

A.不是　　B.是的

6.你的孩子是个“很乖”的孩子吗?

A.不是　　B.是的

7.你的孩子是不是有任性的坏习惯?

A.没有　　B.有

8.在比赛时,你的孩子输了会哭吗?

A.不会　　B.会

现在，请统计你的选项以及测试结果：

“超级脆弱型”孩子：测试答案中，当A项出现0~2次时，说明你的孩子是个十足的“瓷娃娃”，内心非常脆弱，娇气得很。只要遇到不开心的事情，就会哇哇大哭。尽管事情很小，他也会照哭不误。对于这样的孩子，非常有必要引导。

“普通脆弱型”孩子：测试答案中，当A项出现3~5次时，说明你的孩子已经有脆弱、娇气的倾向了。尽管这种现象暂时还不严重，但引导也是需要的。越早引导，效果越好。

“非脆弱型”孩子：测试答案中，当A项出现6~8次时，恭喜你，你的孩子非常坚强，对于他来说，根本不知道什么叫“娇气”，他甚至搞不明白为什么很多小朋友动不动就要哭。

## 1. 输了就哭的蒙蒙
## ——孩子输不起，父母如何引导

周末下午，蒙蒙坐在地上和妈妈下五子棋。蒙蒙尽管不怎么会下，但他对这个非常感兴趣，一有空就嚷着要和妈妈“杀一局”。为了培养蒙蒙的“棋技”，妈妈一有时间就去“应战”。

可和蒙蒙下棋，却不能“赢”，即便是让着他，也不能让他看出破绽。因为他一旦输了就会发脾气，号啕大哭，像被人揍了一顿一样。

有一天，蒙蒙又吵着让妈妈和自己下棋。可那时家里有客人，妈妈忙着做饭，没时间陪他玩。正好做客的小表哥说陪他玩，蒙蒙就很高兴地摆开棋盘，和小表哥对弈起来。

可不到10分钟，蒙蒙就痛哭了起来，嚷嚷着“再也不和表哥玩了”“表哥欺负人”“表哥耍赖”。

妈妈很奇怪，小表哥非常懂事，怎么会欺负他呢？就问蒙蒙：“告诉妈妈，小表哥怎么就欺负你了？”

“他……他就是欺负我，老是不让我赢，我觉得他是故意赢我的。”蒙蒙抽噎着说。

原来是蒙蒙下棋总是输，就觉得小表哥是在欺负他，哭哭啼啼没完没了，直到小表哥故意输给他两次，他才不哭了。

这样的事已经发生很多次了，所以每次妈妈和蒙蒙下棋，都会故意输给他几次，不然他又要哭了。

为什么蒙蒙输了就哭呢？

## 案例深度解析

蒙蒙喜欢下棋，却输不起。一旦输了，要么情绪低落，态度气恼，要么大哭大闹，以为别人是在耍他。这是孩子心理脆弱的一种表现。

除此之外，心理脆弱的孩子还表现为：好胜心强，什么都想赢。如果别人得了第一，他们要么闷闷不乐，要么自暴自弃。

3~9岁之间的孩子大多心理脆弱，已经能够意识到什么是输、什么是赢了，但他们却很难做到理智对待输赢。只要遇到不合自己心意的事，就会大哭大闹。

心理学家认为，心理脆弱是成长过程中出现的正常现象。这说明孩子的“辨别意识”“输赢意识”正在提高。无论什么事情，孩子总是希望自己做到更好，比别人强，获得周围人的认可。

那么，为什么这些孩子“输不起”呢？除了“辨别意识”“输赢意识”的提高外，还有什么原因会让其心理脆弱呢？

（1）耐挫力差。

孩子在婴幼儿时期耐挫力差。耐挫力差的孩子接受不了失败，他们一旦失败，心理防线就会崩溃，就会哭闹、不安。而孩子之所以耐挫力差，多与父母一直用赞赏的教育方式有关，经常得到夸奖，较少得到批评的孩子多耐挫力差。

（2）接纳、认可他人的情商不高。

输不起往往是无法看到别人身上优点的一个表现，说明这些孩子接纳、认可别人的情商不高，这也是导致孩子输不起的原因之一。

## 心理学家支招

争强好胜，赢了就满心欢喜，输了就大哭大闹。如果你的孩子经常有这些行为，你就需要多加注意了，因为这类孩子多耐挫力差，接受不了失败。

在日常生活中，父母应该让输不起的孩子明白，每个人都会遇到一些挫折和不顺，输赢是正常的事。同时，还要注意不要过于批评孩子，不要伤害孩子的自尊心。特别是3岁左右的孩子，因为此时的孩子自我意识正逐渐增强，但自我调节能力较差，自尊心容易受到伤害。

除了注意不要过于批评外，父母还可用以下方法，帮孩子增强耐挫力，培养其正确的竞争意识：

(1) 让孩子学会接纳别人。

父母可以常念叨别人的优点，比如在聊天的时候可以经常跟孩子说："××小朋友有××优点。""你可以从××小朋友身上学到××长处。"在潜移默化中教会孩子认可别人、接纳别人，从而改变"输不起"的脆弱心理。

(2) 帮孩子树立正确的输赢观。

在和孩子游戏、比赛时，不要为了照顾孩子的情绪而故意让他。你要知道，你可能只是想和孩子玩玩，而孩子却把这种游戏当成真正的比赛去看待。你要通过这些比赛让孩子明白一个道理：比赛就有输赢，这是正常的。如果不想输，就得更加努力才行。

(3) 共情效应。

当孩子出现"输不起"的情况时，父母不能取笑孩子，应该站在孩子的角度看待问题。比如告诉孩子"是的，你输了确实很可惜""如果是我，我也会不高兴""我觉得你做得很不错，除了结尾不太好之外"。在感情赞同的前提下，慢慢让孩子接受输赢的现实。

**他山之石**

母亲姓名：王梦

职业：化妆师

儿子姓名：然然，6岁

然然最近开始喜欢上玩足球。有一次，小区里的几个孩子约好一起到附近的学校球场踢球。那天我正好没事，也跟着去了。

然然抢着要当守门员，而且还扑住了几个好球。他得意得又唱又跳，还直喊着让我用手机给他拍照。

可战况急转直下，没多久，然然"镇守"的大门便被六度攻破。

这下然然不干了，他一声不吭，甩了球，哭着跑向我说：“踢球不好玩，我不玩了！咱们回家吧!”

很显然，然然是因为输不起才这么说的。

我给他擦掉眼泪，并没有急着回家，而是问他：“为什么呢？刚才你不是玩得很开心吗?”

然然满心委屈：“他们欺负我，我不跟他们玩了。”

“是吗?”我认真地看着然然，“可是我没有看到他们欺负你呀，是不是他们真的很厉害呢？你刚才不是扑住了好几个球吗？你跑得很快，也很厉害呀!”

然然不甘示弱：“所以，我没有理由输的，肯定是他们故意这么弄的，害我丢了六个球。”

我笑笑：“那真是太可惜了。假如再踢一次，你觉得怎么才能不让他们进球呢?”

“再跑快些!”然然答道。

“那你下次玩的时候，再跑快些不就可以了?”

然然嘟囔道：“也对!”

“那然然还想不想再玩一次呢？就这么输了可不好!”我乘机启发然然。

然然点点头：“想，这一次我一定会赢!”

就这样，然然又重新“披挂上阵”。尽管最后因为体力不支又被攻破几次大门，但他没有再哭。看来，然然“输不起”的心态已经有所改变了。

## 2. 承受不住批评的月月
## ——帮孩子走出蛋壳心理

月月最近迷上了弹钢琴，妈妈就为她报了一个钢琴兴趣班。

“这挺好的，只要她愿意弹，我一定要给她买一架钢琴。”妈妈十分开心地对邻居道。

“可就怕孩子的兴趣不长，学几天就不想再学了。”邻居笑着回答。

事实正如邻居所料，月月学了不到一个月就不想再学了，每天练琴都三心二意，这里按一个键，那里按一个键。

“月月最近有些心不在焉，没有刚来的那会儿勤快了。”教她练琴的老师也这么说。

正是老师的批评让月月觉得“很委屈”，当着众多孩子的面，竟然哇哇大哭起来。晚上回家就宣布再也不练琴了。不管家人怎么劝，她就是不同意，显然，老师的批评让她生气了。

为什么月月这么爱生气？

### 案例深度解析

只受了几句批评，月月就生气不想再练琴了。她之所以这么爱生气，是因为受到了“蛋壳心理”的影响。“蛋壳心理”是指内心非常脆弱，就像鸡蛋壳一样一触即破。具体表现为：有的孩子只能听赞美之辞，听不得半点反对意见；有的孩子外表高傲，内心脆弱，敏感多疑；有的只能接受成功，不能面对失败；有的遇到一些不顺，就会有极端的举动，甚至轻生……

心理学家认为，之所以产生“蛋壳心理”，是因为孩子的心理特点普遍封闭，再加上现在的孩子往往都是独生子女，缺少与同龄人交往的空间，所以容易产生性格上的缺陷。

除了这两种原因之外，还有哪些原因会导致孩子出现“蛋壳心理”呢?

（1）不良标签效应。

父母对孩子期待太高，而孩子一旦表现不好，就打就骂，说孩子“你怎么这么笨”，这就容易给孩子贴上不良标签，让孩子认为自己笨。如果父母总是如此，时间长了，孩子会容易养成自卑、脆弱的性格，最终出现“蛋壳心理”。

（2）过分的夸奖。

父母喜欢经常夸奖孩子，如老对孩子说“你就是最聪明的”“你是最优秀的”“你太了不起了”。一旦孩子信以为真，就以为自己最聪明和最优秀，以至于容不得别人比自己聪明，容不得自己的偶尔落后。当残酷的现实摆在面前时，“蛋壳心理”就显露了出来。

（3）骄纵溺爱所致。

父母对孩子过分娇纵、百般溺爱，舍不得批评和管教，是导致这种心理最直接的原因。还有很多父母不愿意让孩子吃苦。没吃过苦的孩子如果遇到挫折，就很难面对，当然更接受不了批评。

## 心理学家支招

“蛋壳心理”是一种不良心理，是孩子内心脆弱的表现。“蛋壳心理”会影响孩子良好个性的形成，所以父母需要好好引导。

当孩子遇到挫折而沮丧或发脾气的时候，父母不要立刻帮他解决问题，要引导他寻找困难的原因，然后让他自己解决。这样做能够让孩子体验到更多的成就感和自信心，锻炼孩子独立解决问题的能力。

除此之外，父母还可以从以下几个方面入手，来帮孩子远离蛋壳心理：

（1）提高孩子耐挫力。

孩子耐挫力不够是导致“蛋壳心理”形成的最主要原因。要想提高孩子的耐挫力，就应该学着让孩子自己去解决一些问题，比如玩具被抢、积木倒塌、书本丢失等。此外，大人和孩子游戏时，不要经常故意输给孩子，适当的时候，可以玩一些输了也有奖励的游戏。通过这种办法平衡孩子输不起的心态。当然，奖励的前提是要求孩子总结出输的原因。

（2）“制造挫折”法。

作为父母，非但不要帮助孩子解决挫折，反而应该给孩子制造一些挫折。让孩子学会在逆境中保持自信，学会在挫折面前保持乐观，泰然处之。比如故意不满足孩子的要求，对孩子大声说“不”，拒绝孩子的索取等。

**他山之石**

父亲姓名：曾明斌

职业：警察

儿子姓名：君君，7岁

我是一名警察，每天都在忙，很少有时间陪儿子。现在他都7岁了，估计这7年我陪他的时间加起来也不到一个月。可能是父爱的缺失，使得君君出现了“蛋壳心理”，遇事就哭，从不会去解决。

记得有一次，他和他妈妈约定，如果他期中考试能够考到前三名，妈妈就给他买一整套的变形金刚和一双溜冰鞋。

可最后君君只考到了第五名，所以，也就无法得到变形金刚和溜冰鞋了。这下，君君就像泄了气的皮球，一点精神都没有。尽管后来妈妈给他买了一双溜冰鞋以示鼓励，他还是无法接受挫折，认为自己是个没用的人，甚至还偷偷告诉同学他想要离家出走。

意识到问题的严重性后，我决定改正君君的这种“蛋壳心理”。按照专家的意见，第一步，我找君君聊了聊，稳定了他的情绪。第二步，帮助君君寻找挫折的原因。比如他想调座位，老师没答应，我就鼓励他自己去问老师原因。在我的鼓励下，他去问了老师，最后老师告诉他：“你的个子太高，坐前面会挡着其他同学。”这下，君君不仅得到了答案，解决了问题，也避免了胡思乱想。第三步，引导君君自己去解决一些问题。比如和老师沟通调座位、组织生日聚会、决定是否参加校乒乓球队等。

在我的努力下，现在的君君已经坚强了很多，再也不是那个有“蛋壳心理”的少年了。

## 3. 受不得半点委屈的苗苗
## ——冷处理提高孩子耐挫力

苗苗是家里的独苗，平时爷爷疼奶奶爱，没少惯着他。也正因如此，苗苗越来越霸道，只要他想要什么，别人就得马上给他，否则就会闹得鸡犬不宁。另外，他还受不得半点委屈，只要别人说了他一句或跟他开个玩笑，他就会非常不开心，回家朝家里人乱发脾气。

记得有一次，苗苗班里的花开了，大家都抢着看，苗苗也凑了上去，没想到站在最前面的同学跟他说："这花又不是你买的，你看什么看啊?"这原本是一个玩笑，但苗苗就受不了了，直接就跑回了家，一个人躲在房间里哭，并叫嚷着再也不去上学了。

那位同学再怎么道歉、再怎么劝说，他就是不去上学。后来，苗苗的爸爸实在看不过去，扬言要把门撬开，使劲揍他一顿。这时苗苗才害怕了，才让妈妈送他去学校。

也正因为这件事，让苗苗妈意识到了一个问题，苗苗的心理太脆弱了。可是，为什么苗苗会这么脆弱呢?

**案例深度解析**

别人的一个玩笑，苗苗就受不了了，不仅跑回家大哭一场，还吵着不去上学。苗苗的心理确实够脆弱的，耐挫力几乎等于零。

"耐挫力低下"的现象在当代孩子身上并不少见。曾经有人做过一个"你家孩子是否能够承受挫折"的调查，结果显示，81%的父母选择了

“否”。在“无法承受挫折的时候会如何表现”当中，将近70%的父母选择了“哭闹”“不愿意理别人”“发脾气”“不愿意上学”等选项。

很显然，孩子无法承受挫折是困扰父母已久的问题。导致孩子产生这种无法承受挫折的原因有很多，除了父母的娇惯之外，还有以下几种。

（1）“过于保护”。

中国的父母似乎很担心孩子，总害怕他们伤害了自己，以至于剥夺了孩子尝试和遇到挫折的机会。比如，当孩子因为踢足球而划破身体的时候，很多父母会选择责备，并警告孩子“下次不能再这样了”。显然，当孩子被禁止尝试之后，也就意味着失去了遇到挫折的机会。那么，一旦挫折来临，孩子只有哭闹了。

（2）过于溺爱。

在教育孩子方面，很多父母提倡“顺养法”，认为孩子不懂事，就应该顺着孩子的脾气来。这话有一定的道理，但这些父母似乎忘记了一点，一味的顺养只会让孩子养成不好的习惯和骄横的脾气。世事无常，如果有一天他们遭到了“逆反”，又怎么能够适应呢？

**心理学家支招**

本文中的苗苗之所以受不了半点委屈，是由于耐挫力差。而当孩子因耐挫力差而哭闹、发脾气，甚至出现攻击性的行为时，如，打骂父母，说妈妈是坏妈妈或大坏蛋，父母可以采取“冷处理”的方法。

所谓“冷处理效应”，是指在孩子遇事情绪激动时，父母暂时不要理他，或与他保持10米左右的距离。当孩子在遇到问题时，要让孩子自己解决，如与小朋友发生争执时，父母不要插手。因为如果父母插手太多，孩子很容易产生依赖心理，甚至会骄纵孩子，从而让孩子变得脆弱、娇气。

此外，父母还可通过提高孩子耐挫力的方法，来帮孩子远离脆弱、娇气心理，具体做法有以下几种：

（1）淡化孩子的挫折反应。

很多父母在孩子遇到挫折时会对挫折给予很大关注。在孩子遇到问题时，父母应该表情轻松，不要太在意，这样就可以淡化孩子的挫折反应。

如孩子考试没考好，父母只要不去提它，可能孩子第二天就忘了。

（2）不要干预挫折。

干预挫折也是很多父母喜欢做的事情。比如孩子玩耍时和伙伴发生了矛盾，一些父母就会参与其中，进行干预。但这并不是真的对孩子好。做一个“冷漠”的父母，就要记住一点：无干预。

## 他山之石

母亲姓名：万齐

职业：会计

儿子姓名：佳佳，6岁

一天放学回家，佳佳脸色阴沉，眼角似乎还有泪痕。

“佳佳，你怎么了？”我问他。

“没事，我去做作业了。”说完，佳佳就把自己锁进他的房间，不再理会我的询问。看得出来，佳佳肯定受委屈了。他只要心里不高兴，一准在脸上表现出来。

后来，我问他的同学萌萌，萌萌告诉我佳佳是和同桌拌嘴了。同桌想要开窗户，佳佳不愿意，最后同桌把窗户打开了，佳佳就不高兴了。

原来如此。知道了事情的原委，我心里就有底了。我早想改改佳佳的脾气了，正好可以利用这个机会。

晚上，我叫佳佳出来吃饭，佳佳没理我。我又叫了几声，他竟然叫我把饭端进去。我郑重其事地告诉他：“要吃饭就到餐厅来。”没想到佳佳听了之后说：“那我还不吃了呢！”

“不吃就不吃，一会儿别喊饿！”我干脆不再理会他，开始吃饭。正当我吃到一半的时候，佳佳又叫起来：“妈妈，给我把饭送进来。”

我没理他。但直到吃完，他也没有出来。

那天，我们故意把菜全部吃完了，一点儿都没给他留。我知道他是因为心情不好，所以不想吃饭，但我不想因此而迁就他，甚至我故意不问他为何不高兴。

睡觉之前，佳佳饿了，到厨房一看，什么都没有了。连他昨天放在那里的泡面也不见了（被我藏起来了）。佳佳感觉有点委屈，却没有说出来。我在客厅看电视，故意不理他。

“妈妈，你那会儿不是问我怎么了吗？我现在告诉你。”佳佳来讨好我。

“算了，你的事情你自己解决，妈妈不想知道，总之不要给我惹麻烦就可以了！现在我要看电视，请你进房间，不要挡着好吗?”我故意冷静地说。

佳佳又把脸转向他爸爸，爸爸也是一副冷漠的样子，没理会他。

看到这里，佳佳没有说话，眼含泪水进了房间。那是他平生第一次挨饿。

第二天放学我问萌萌：“佳佳是不是和同桌和好了?”萌萌笑了笑说：“他今天一早就跟同桌道歉了，佳佳今天的表现很好哦!”

看来，我的冷处理做法已经奏效了。

# 4. 遇到困难就哭的奇奇
# ——孩子太娇气，如何引导

昨天，奇奇妈妈的同事带着孩子默默来家里玩。

默默比奇奇小两个月，两个小家伙一见面就玩起来。看俩小家伙玩得高兴，奇奇的妈妈就与同事进书房聊天。可没过多久，外面就传来了奇奇的哭声。

怎么了？奇奇妈妈觉得很奇怪，到客厅一看，却是奇奇在哭。

“奇奇，你这是怎么了？”

“妈妈，妈妈！”奇奇一看到妈妈过来，哭着跑了过来。

“这孩子，是不是欺负了姐姐？”默默的妈妈很不好意思。

“没事，没事，这孩子经常这样的，与别的孩子玩着玩着就哭。”尽管奇奇的妈妈这么说，但她还是很郁闷。

奇奇平常和小朋友一起玩，动不动就哭。而且老爱撒娇，多走一会儿就喊累，总要妈妈抱。

奇奇怎么了？是胆小还是懦弱？妈妈怎么也想不明白。后来一个大学同学告诉她，奇奇可能是太娇气了！

**案例深度解析**

显然，奇奇就是一个非常娇气的孩子。事实上，由于父母的溺爱，娇生惯养，现在很多孩子都非常娇气。

何谓娇气呢？心理学家认为，娇气是指一贯怕吃苦、怕困难，遇到不舒适的场合就情绪低落、止步不前的现象。

娇气的孩子有何表现呢？通常，他们不爱接受批评，别人一说就不高兴；无论摔倒还是遇到不会做的事情，都会哭闹；父母没有满足他的要求也会哭，并且哭得厉害。

而心理学家认为，孩子娇气可以分为两种：第一，生活上，好吃懒做，喜欢吃好的、吃零食，自理能力差，比如不会叠被子、不会穿衣服、不会系鞋带、不会系红领巾等。总之，他们在生活上过分地依赖大人；第二，心理上，感情敏感，也很脆弱，不能承受压力，只能成功，不能失败，遇到挫折就爱逃避。

显然，案例中的奇奇更多的是心理上的娇气。

那么，娇气是天生的吗？除了家人的溺爱，还有什么原因让孩子如此娇气呢？

（1）不适当的表扬所致。

很多父母不知道，不适当的表扬同样会造成孩子性格软弱。比如一些父母经常在别人面前表扬自己的孩子“听话”“懂事”“乖巧”，这使得这些孩子失去了在陌生人面前争辩、抗争的欲望，从此变成了“娇娇孩”。

（2）父母心太软所致。

在教育孩子的时候，父母有时得下狠心。但很多父母根本做不到这一点，一看到孩子的眼泪立刻就心疼起来。尽管之前信誓旦旦要改变孩子的娇气，但如此半途而废，往往让孩子更娇气。

**心理学家支招**

孩子在婴幼儿时期如果娇气，是非常正常的一种表现。如一不高兴就爱哭闹、爱撒娇。

很多父母在孩子哭闹或接受不了批评时反应过激，连哄带劝，甚至打骂。事实上，完全不必如此，父母只要关注孩子的情绪变化，抱抱就可以了。因为严厉的语言会让孩子不知所措，而一味地骄纵，只会让孩子更加娇气。

心理学家认为，随着孩子认知能力的增强，以及行为控制能力的逐渐发展，哭泣、撒娇等娇气的行为也会越来越少。

如果孩子太娇气，就需要父母积极引导了。具体如何引导呢？以下方法可供父母们参考：

（1）给孩子积极的暗示。

作为父母，在遇到一些事情的时候，可以改变一种说法。比如把“别怕，孩子，这只是闪电”的说法改成“宝宝最勇敢了，这是闪电，一点都不用害怕的”。这样一来，负面的心理暗示就会变成正面的暗示。久而久之，孩子就能变得勇敢起来，不会再无谓哭闹。

（2）改变孩子的虚荣心。

如果孩子虚荣心太盛，也容易变得娇气。别人说不得、骂不得、赢不得。所以，当孩子参与一些比赛、和其他小孩子玩耍时，不要盲目表扬孩子，更不要给孩子贴上“老实”“不懂得反抗”“傻子”的标签。

（3）多锻炼孩子。

如果孩子生活上娇气，父母可以让孩子锻炼身体，如每周抽出几天时间陪孩子跑步、爬山、游玩。运动的强度则要根据孩子的年龄和身体状况来决定。

**他山之石**

母亲姓名：梁学芳

职业：教师

儿子姓名：童童，5岁

童童从小在爷爷奶奶家长大。因为爷爷奶奶宠他，他变得非常娇气，动不动就哭，一让他做点家务活就会喊累。

我决心帮助童童改掉娇气的坏习惯。

可是怎么改呢？看了网上的介绍，我最终选定了“给予积极的暗示”的方法。有一次，童童在爷爷家的客厅里玩，一不小心摔倒了，头磕在沙发的木质扶手上，他没有受伤，却哇哇大哭起来，还要爷爷抱他。爷爷要去抱，却被童童爸爸阻止了。爸爸对趴在地上的童童说：“童童是个很勇敢的小伙子，摔倒了能自己爬起来的，是不是，不需要爷爷抱的。”

童童见爷爷没有抱他的意思，便两手一撑，爬了起来。

看来这样的方法是对的，我和老公决定“再接再厉”。

第二天，我带童童去游乐场滑冰。童童还不会滑，不一会儿摔哭了，嘴唇都磕破流血了。但我们还是没有伸手去拉他，而是鼓励他自己站起来。

最后，童童终于站了起来。看他站稳，我拿出纸巾让他擦血，然后才抱抱他。我们并没有表现出特着急、特心疼的样子，童童也只是“象征性”地哭了一下，便又玩去了。

慢慢地，童童再没有以前那么娇气了，无论是摔倒，还是事情没有做好，他都能自己去解决。要是在以前，肯定是哭着找爷爷奶奶了。

看着儿子的变化，我很欣慰。

## 5.“爱哭鬼”磊磊
## ——让溺爱型娇宝宝坚强起来

小磊磊现在4岁零6个月，在幼儿园上中班。虽然他身体非常健康，但有一点让父母非常头疼，就是爱哭，几乎每天都会哭上好几回。

举个例子来说，在幼儿园里，只要老师一批评，他就会受不了，就开始不停地哭。

在家里他也喜欢哭：找不到电视遥控器会哭、袜子穿歪了会哭、大人聊天没有理他会哭；走路累了也哭……只要他在家，哭闹就是常态。有一次，妈妈带小磊磊去姨妈家，小磊磊到处乱跑。妈妈与姨妈聊天时，他竟然站在沙发上，站得很高，妈妈怕他摔下来，就对他说：“你这孩子，快下来，听见没！”小磊磊一听，一下就哭了……时间长了，小磊磊成了远近闻名的“爱哭鬼”。邻居、老师、同班小朋友的父母都知道他爱哭，所以也都不爱和他玩，见了面也只打打招呼而已。现在，连孩子的爷爷奶奶都受不了了。

这可怎么办，难道要让他一直哭下去吗？

### 案例深度解析

4岁零6个月的小磊磊，算得上大宝贝了，之所以这么爱哭，是由于他太娇气了。但他的娇气和别人的娇气不太一样，他属于“溺爱”型娇气，从小被溺爱的孩子，动不动就哭是他们身上最典型的表现。当然，这类孩子除了“爱哭”之外，还可能有“撒娇”“耍赖”“怄气”“生闷气”等表现。

心理学家认为，几乎每个孩子在婴幼儿时都会经历一段这样的时期，大都在3~4岁之间。这个时间段，孩子对父母的依恋性逐渐减少，开始慢慢走向群体生活，比如幼儿园生活。因为不适应，所以会出现这种“溺爱型”娇气。当然，除了这个原因之外，还有其他的一些原因：

（1）教育方式不一。

父母对孩子要求严格，但爷爷奶奶对孩子娇生惯养。时间长了，孩子就会觉得，只要自己一哭闹，总有人满足自己的要求，自然就会以哭闹的方式达到自己的目的。

（2）受个性与自控力的影响。

孩子娇气与个性有关，通常，天生非常胆小的孩子见到生人或到陌生环境就会害怕、哭鼻子，在成人眼中就是娇气；而有的孩子自我控制情绪能力差，动不动就发火、生气。与天生性格开朗的孩子相比，这样的孩子更容易娇气。

## 心理学家支招

案例中的磊磊因为太喜欢哭，周围的人都不敢亲近了。可见，娇气既会影响孩子社交能力的发展，也不利于孩子性格的发展。因此，家有娇气孩子，父母一定要积极引导。

哭是一种情绪表达。如果孩子用哭闹要挟父母满足他的某种需求，父母可以冷处理；如果孩子哭是寻求父母的帮助，如跌倒后哭闹，父母可以视情况而定。孩子摔痛了，可鼓励孩子自己站起来，并抱抱他；如果孩子只是为了让父母扶他，父母可以装作看不见。

此外，父母还可以采取以下几种方法帮助“溺爱型”娇气的孩子：

（1）转移法。

孩子因娇气哭闹时，父母可以拿出孩子最喜欢的玩具，或带孩子离开哭闹的环境。比如在家哭闹，可以带孩子去楼下转转、去人多的地方。这样就能将孩子的注意力转移到其他事上，孩子也就不会再哭闹了。

（2）巧用“延迟满足”效应。

发展心理学研究中有一个经典的实验，称为“迟延满足”实验。实验者发给 4 岁儿童每人一颗好吃的软糖，并告诉他们，如果马上吃，只能吃一颗；如果等 20 分钟再吃，就给吃两颗。有的孩子急不可待，马上就吃了；另一些孩子则耐得住性子，如用闭上眼睛、自言自语的方法转移注意力，从而获得了更丰厚的报酬。研究人员进行了跟踪观察，发现那些获得两颗软糖的孩子上中学时有更强的适应性、自信心和独立自主精神；而那些经不住软糖诱惑的孩子则往往屈服压力，逃避挑战。由这个实验，我们不难看出，“延迟满足”孩子的要求，会让孩子更加坚强、有耐心。

(3) 让孩子做一些简单的家务。

平时，父母可带孩子做一些简单的家务，如让孩子学擀饺子皮、擦地板、刷洗卫生间。孩子做家务时，父母多肯定、多指导，鼓励他们持之以恒。因为常做家务的孩子自理能力强，不娇气。

**他山之石**

父亲姓名：李浩

职业：司机

儿子姓名：海海，5岁

不知道从什么时候开始，海海变得越来越娇气。吃饭要人喂，玩具要经常买，衣服不愿自己穿……最让我郁闷的是，他非要我们在幼儿园门口等着，只要他出来见不到我们，就会哭闹一整天。

这样下去可怎么行？孩子被他爷爷奶奶惯得太厉害了，要什么给买什么，说要出去玩，马上带他去，以致让他越来越娇气。

记得有一次，海海让爷爷帮他拿玩具。因为爷爷动作慢，海海竟然伸手打爷爷。可爷爷竟然笑呵呵，一点也不生气。

为了改变海海娇气的毛病，我们一家人达成协议，不能再惯着他了。自己的事让他自己去做，任何人不要帮忙。送他去幼儿园，明确告诉他不会等在外面，他要哭就哭，不吃饭就不吃。

“行动”第二天开始。吃早饭的时候，他又在“指挥”他妈妈给他拿筷子，可筷子就在他手边。他刚说完，奶奶就想伸手去拿，被我一个眼神给阻止了。海海见没人理他，便开始哭。妈妈告诉他：“从今天开始，你自己的事情你要自己做。如果因为没人给你拿筷子，你就不吃饭，那就别吃了，饿肚子吧。”

听了他妈妈的话，海海停止了哭泣，愣在那里。那天早上，他真就饿着肚子去上学了。到了晚上，他就乖多了，不仅自己拿筷子，还自己吃饭。看来这个“狠心”的方法是有效的，能坚持下去。

现在，海海已经不再那么娇气了。

## 6. 薇薇太“乖”了
## ——引导孩子走出奴性心理

薇薇今年 4 岁，是个“乖巧听话”的孩子，平常不哭不闹，父母说什么，她就做什么。可薇薇的父母却觉得她有点太过“乖巧懂事”了。

记得有一次，幼儿园老师让孩子在爸爸、妈妈的帮助下，用彩纸叠三个大小不一的青蛙。兴致勃勃的薇薇本来想和她爸爸说，但看到爸爸在干活，就没吱声。后来又想和妈妈说，可看到妈妈在做饭，又没有说。

到了睡前，薇薇不肯回房，在妈妈的追问下，她才说出了原因：三个纸青蛙还没叠，因为没有彩纸了。听了薇薇的话，爸爸道：“现在都 10 点了，超市都关门了，到哪去买彩纸去啊？明天再说行吗？”其实薇薇知道隔壁王阿姨家有，但她却怕爸爸教训自己，愣是没敢说。

最后，妈妈答应第二天去和老师解释一下，免得薇薇受批评，她这才放心去睡觉。

可是第二天，妈妈却忘了这事。薇薇虽然记得，却怕妈妈上班迟到，就没有跟妈妈提起。最后，薇薇还是受到了老师的批评。放学后，薇薇一个人躲在角落里哭泣。

妈妈见了，心疼不已，长叹一口气：“薇薇很乖、很听话，可就是太听话了……”

### 案例深度解析

没有彩纸了，却不敢跟父母说，薇薇是过于“乖巧懂事”了。薇薇之所以会出现这种情况，是由于孩子有“奴性”心理了，即事事顺从他人，不敢说出自己的想法。这种情形在3岁之后的孩子身上时有发生，女孩身上更为常见。

在我们身边，不听话调皮的孩子很多，像薇薇这样过于听话的孩子也不少。和普通的孩子相比，这类孩子的特点是有点内向和害羞，有问题不敢提。父母让他往东，他绝不会往西。而和小朋友玩时，他也只会听从别人的调配，不会表达自己的想法。

这些孩子为什么会出现“奴性”心理呢？为什么凡事缺少主见，听从他人的安排呢？

（1）父母太过强势。

在生活中，一些父母溺爱孩子，却也有一些父母对孩子过于严厉，特别是那些比较强势的父母。他们通常要孩子事事顺从，以树立自己做父母的权威。在父母这种严厉的管束下，孩子慢慢就会越来越乖巧听话，最终完全按父母的意志行事，成了父母喜欢的“乖乖孩”。

（2）强化效应所致。

在日常生活中，很多父母总是教育孩子要乖，“乖，我给你买块糖”“乖，妈妈就喜欢你了”“妈妈最喜欢听话的孩子”。父母这种强化，对于个性外向、大胆的孩子影响不大。但如果孩子天生的气质比较顺从、配合，他们就会用“乖”来换取父母的爱，时间一长，就会慢慢失去主见。

（3）不当比较所致。

一些父母爱拿自己的孩子与别的孩子比较，还会以其他孩子的标准要求孩子。常见方式有：“你看看人家小明，多听话”“你应该学学小明，他从不跟父母顶嘴。”当孩子真的朝这个标准改变的时候，“奴性”心理也就产生了。

（4）负面模仿所致。

一些孩子之所以爱顺从父母，是由于父母总爱顺从他人。孩子负面模仿，自然就会变得顺从听话。

**心理学家支招**

父母都喜欢乖孩子，但如果孩子“太乖”，一些父母又会担心：“我家孩子怎么不如同事家的孩子活泼呢？是不是有问题呢?”

心理学家认为，如果一个孩子乖得很自在，在顺从、迎合他人的同时没有委屈感，甚至是快乐的，那还没问题。因为这类孩子同情心比较强，自己的主见比较少；但如果孩子总是让自己受委屈去迎合别人，那就有问题了。因为这类的孩子有主见，却去迎合别人。这类孩子很容易出现心理问题。

也有心理学家认为，孩子太乖，过于顺从，凡事听别人安排，就会因此失去自主做事的主动性。他们长大后，主观能动性、创造力就会差一些。由此可见，如果孩子过于顺从，父母应该加以积极地引导。具体的方法如下：

（1）意见征询法。

对于太乖的孩子，家长应该多询问孩子的意见，特别是孩子自己的事情，小到穿哪件衣服，大到上哪类兴趣班，都要让孩子自己说，比如“你明天准备几点起床”“早上你希望吃什么早餐”。此外，对于一些事物，父母也要鼓励孩子说出自己的意见。就算和父母意见相左，父母也要表扬他有自己的想法。

（2）权利讲解法。

有的孩子之所以不敢发表自己的意见和看法，是害怕别人批评自己。这个时候，父母要告诉孩子，发表意见是你的权利，谁都不能剥夺。比如在学校班会上发言、给老师提问题等。只要孩子明白这是自己的权利，他们就会想办法去行使，而不会只把想法憋在心里。

（3）给孩子宽松的成长环境。

如果孩子是因为暴力教育而出现“奴性”心理，父母就应该想办法给孩子创造一个宽松的环境。这里的环境不仅是指物质方面，还有心理方面。相较而言，心理上的宽松更为重要，比如尊重孩子、听从孩子的建议、尊重孩子的选择等。

## 他山之石

母亲姓名：陈梦可

职业：网站编辑

女儿姓名：依依，6岁

依依长得非常漂亮，也很乖巧懂事，人见人爱。在我和她爸的教育下，小家伙现在非常懂礼貌，让她叫什么她就叫什么，让她怎么做就怎么做。看到别的孩子淘气，我的心里可自豪了：咱家依依就是听话。

可从那件事之后，让我开始反思：依依这么听话，是个好现象吗？

那天，我带依依去同事家玩。依依照例把叔叔、阿姨、哥哥、姐姐叫了个遍。我和同事聊天，依依安静地坐在小凳子上看电视，同事5岁的儿子则在一旁玩玩具。

这小男孩非常调皮，一会儿把嗑过的瓜子让依依吃，一会儿把沾上口水的玩具让依依洗……依依似乎成了他的佣人。尽管我嘴里没说什么，但还是希望依依能够拒绝。可依依没有，她非常“乖巧”地一一完成了“任务”。见她这么好欺负，那小家伙更过分了，竟要依依给他当大马，要骑她身上到处走。依依想都没想就趴下了。这时，同事正好从卫生间出来，急忙阻止了小家伙的行为。

晚上回家，我问依依：“小弟弟要你当大马的时候，你怎么不拒绝呢？”

没想到依依回答我：“那样我就不是一个听话的孩子了，妈妈该不喜欢我了。”

听到依依的回答，我心里开始翻江倒海：“孩子这么小，就懂得照顾我的感情了。长此下去，会不会缺少主见？再说，孩子天生就应该精力旺盛、思维活跃，小时候太乖，长大后不可能成为管理型人才……”

想到这里，我告诉依依：“从今天开始，妈妈不再要求你做一个乖女孩了，你可以有自己的想法和意见，你可以调皮，也可以拒绝别人的要求。就像今天小弟弟要你当大马一样，如果你不愿意，你可以拒绝，不用考虑妈妈是不是会高兴，好不好？”

听了我的话，依依觉得有点不可思议。

为了改变依依，我时时刻刻考虑到她的想法和意见，遇到事情，总会问问她的想法。如果她的想法正确可行，我就会听。当看到我按她的想法去做时，她眼睛睁得很大，有点不可思议的感觉。不过慢慢地，她的诧异变少了，取而代之的是自信和坚强。最重要的是，她开始懂得拒绝，敢于发表自己的意见了。